Mujeres de
VALOR

Mujeres de valor
Serie sobre mujeres de Enfoque a la Familia®
Publicado por Casa Creación
Una compañía de Strang Communications
600 Rinehart Road
Lake Mary, Florida 32746
www.casacreacion.com

A menos que se indique lo contrario, todos los textos bíblicos
han sido tomados de la *Santa Biblia, Nueva Versión Internacional* (NVI),
© 1999 por la Sociedad Bíblica Internacional. Usado con permiso.

Otros textos bíblicos han sido tomados de la
versión Reina-Valera, de la *Santa Biblia*,
revisión 1960. Usado con permiso.

Traducido y editado por: *Belmonte Traductores*

Diseño interior por: *Grupo Nivel Uno, Inc.*

Library of Congress Control Number: 2005925358

ISBN: 1-59185-498-9

Impreso en los Estados Unidos de América

05 06 07 08 ❖ 8 7 6 5 4 3 2 1

Los sentimientos de valor y valía propia de una mujer están envueltos
en sus experiencias del pasado y del presente. Nuestro desafío es separar
los eventos en nuestras vidas de nuestra verdadera identidad, basándonos
en nuestra relación con un Dios amoroso y perdonador.

Comprender que nuestra personalidad, dada por Dios, nos ayuda a
conocernos mejor a nosotras mismas y nos equipa para poder apreciar
nuestros puntos fuertes y mejorar nuestros puntos débiles.

Aprendamos a conocer cómo cada área de nuestro ser —cuerpo, alma,
mente y espíritu— afecta a las demás y cómo el Señor puede ayudarnos
a desarrollar una mentalidad equilibrada.

Es un hecho: ¡la vida simplemente no se queda quieta! El modo en que
pasemos por las diferentes etapas de la vida puede ser uno de los mayores
factores en nuestra autopercepción y en la calidad de vida que vivimos.

Al estudiar el diseño de Dios, veremos cómo ser una mujer es un regalo
en todas las áreas de nuestra vida, y nos capacita para ser una mejor
persona, esposa, madre, empleada, líder y miembro del Cuerpo de Cristo.

Una de las necesidades más básicas de la mujer es ser amada. El modo
en que trate esta necesidad dada por Dios definirá cómo ve su propia
sexualidad.

La amistad nos ayuda a crecer, proporciona un lugar seguro donde
podemos sentirnos cómodas, proporciona responsabilidad y enriquece
cada área de nuestras vidas. A través de la amistad, podemos caminar
juntas por la vida, seguras de que hay alguien que está cerca.

Es esencial que comprendamos el diseño de Dios para cada mujer que
Él ha creado y podamos reflexionar sobre hasta dónde hemos llegado
en ese proceso.

MUJERES DE VALOR

¿Quién soy? ¿Por qué tengo tanto y, sin embargo, siento tal descontento? ¿Qué me impide ser verdaderamente la persona que quiero ser? ¿Cómo puedo profundizar más en mis relaciones? ¿Por qué estoy tan gorda? ¿Por qué estoy tan delgada? Vaya, ¡tengo una cana! ¿Por qué yo soy siempre la seria? ¿Maduraré alguna vez? ¿Por qué, oh, por qué, oh, por qué?, los pensamientos siguen y siguen, ¿no es cierto?

Todas tenemos pensamientos que desafían nuestros sentimientos de autoestima y nuestra identidad. O bien estamos luchando por ser igual a otra persona o bien batallamos para *no* ser como otra persona. Algunas queremos escalar la montaña más alta; otras estamos contentas con quedarnos en casa. Algunas parecen tener vidas fabulosas; otras se ven sacudidas por la negligencia o el abuso. Provenimos de todo tipo de trasfondos: jóvenes y viejas, solteras y casadas, orientadas a los estudios y quienes se quedan en casa, ricas y quienes, a duras penas, se ganan la vida. Todas nos miramos al espejo y nos preguntamos: *¿Quién soy?*

Las mujeres, a menudo, se definen a sí mismas basándose en lo que se espera de ellas. Están limitadas por expectativas percibidas que padres, otros miembros de la familia y amigas ponen sobre ellas; por las presiones del mundo —trabajo, sociedad, hijos, matrimonio, sexualidad, relaciones y muchas más— y por sus propias percepciones y expectativas personales. Las percepciones equivocadas o expectativas incorrectas dicen que no cumplimos, que no somos lo bastante buenas, o que tenemos que hacer más cosas o intentarlo con más fuerza. Este estudio le ayudará a ver quién es usted —no como el mundo la ve sino como Dios la ve—, ayudándola a apreciar su singularidad y a crecer en sus relaciones con Cristo Jesús y con los demás.

Este estudio es una perspectiva integral, que trata de todo su ser: cuerpo, alma, mente y espíritu. Es difícil vivir el amor de Dios por usted hasta que no aprecie quién es usted como persona total, incluyendo las capacidades y limitaciones físicas, espirituales, mentales y emocionales y las circunstancias que Dios le ha dado. Estas lecciones se han escogido basadas en una progresión natural de asuntos a los que se enfrentan las mujeres. No son exhaustivos, pero están pensados para llevar claridad a lo que usted es y también una apreciación de ello. Al abordar asuntos relevantes que usted encara cada día, su relación con Dios se verá rejuvenecida, comprenderá que no tiene usted que ser una supermujer para sentirse valorada, y que podrá decir: "Me gusta ser una mujer y deseo ser la mujer que Dios quiere que sea".

SERIE PARA EL MINISTERIO DE MUJERES DE ENFOQUE A LA FAMILIA

Esto es lo que pido en oración: que el amor de ustedes abunde cada vez más en conocimiento
y en buen juicio, para que disciernan lo que es mejor, y sean puros e irreprochables
para el día de Cristo, llenos del fruto de justicia que se produce por medio de Jesucristo,
para gloria y alabanza de Dios.
FILIPENSES 1:9-11

El objetivo de esta serie es ayudar a las mujeres a identificar quiénes son, basándose en su naturaleza única y en la luz de la Palabra de Dios. Esperamos que cada mujer que sea tocada por esta serie comprenda el inescrutable amor de su Padre celestial por ella y que su vida tiene un propósito y un valor divinos. Esta serie también tiene un objetivo secundario: que a la vez que las mujeres persigan su relación con Dios, también comprendan la importancia de edificar relaciones con otras mujeres para enriquecer sus propias vidas y crecer personalmente, al igual que ayudar a otras mujeres a comprender su valor y su propósito dados por Dios.

Visión de conjunto de la sesión

Mujeres de valor puede utilizarse en diversas situaciones, incluyendo grupos de estudios bíblicos, clases de escuela dominical o relaciones con los consejeros. Y los individuos también pueden utilizar este libro como herramienta de estudio en su hogar.

Cada sesión contiene cuatro componentes básicos.

Mujer en la vida cotidiana

Esta sección presenta el tema de la sesión, al proporcionarle una perspectiva personal de la vida de una mujer común y corriente —alguien con quien pueda identificarse—, y hace preguntas sagaces para ayudarla a enfocarse en el tema de la sesión.

Sabiduría eterna

Esta es la parte del estudio bíblico en la cual leerá la Escritura y contestará preguntas para ayudarla a descubrir las verdades de la Palabra de Dios que perduran.

Una esperanza inquebrantable

Esta sección proporciona preguntas y comentarios que la alientan a poner su esperanza en el plan de Dios.

Vida diaria

Esta sección constituye un tiempo para reflexionar sobre las formas en que Dios la esté llamando a cambiar, al sugerirle pasos que usted puede dar para llegar a ese punto. Además, constituye un tiempo para que todo el grupo ore y se anime mutuamente.

Escribir un diario

La animamos a que escriba un diario mientras esté trabajando en este estudio. Un diario personal relata su viaje espiritual, anotando oraciones, pensamientos y eventos que se producen a lo largo del camino. Releer anotaciones pasadas es un ejercicio que edifica la fe y le permite ver cómo Dios ha obrado en su vida: resolviendo una situación, cambiando una actitud, respondiendo sus oraciones o ayudándola a ser más semejante a Cristo.

Guía de discusión para líderes

Se incluye una guía de discusión para líderes al final de este libro para ayudar a las líderes a fomentar la participación, dirigir las discusiones y desarrollar las relaciones.

Hay más ayudas adicionales para dirigir grupos pequeños o mantener relaciones de consejería en la *Guía para el ministerio de mujeres de Enfoque a la Familia*.

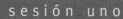

DEFINICIÓN DE

valor

Tú creaste mis entrañas; me formaste en el vientre de mi madre.
¡Te alabo porque soy una creación admirable!
¡Tus obras son maravillosas, y esto lo sé muy bien!
SALMO 139:13-14

MUJER EN LA VIDA COTIDIANA

Era un cálido día de otoño. Yolanda estaba sentada en uno de los bancos del parque, contemplando su vida y preguntándose cómo había llegado hasta donde estaba en aquel momento. Se crió en una familia promedio, pero nunca hubo ninguna expresión de amor o aceptación; lo único que ella escuchó de sus padres fue: "Hazlo mejor", "hazlo de este modo" y "¿por qué no puedes comprenderlo la primera vez?". Ella tenía unas cuantas amigas, pero nunca se sintió aceptada. Su mente pensaba con rapidez en varios eventos y situaciones; todavía recordaba comentarios que le habían hecho y el modo en que la afectaron en su momento. Finalmente, ella había desafiado una afirmación que una compañera de trabajo, Karen, le había hecho: que Dios la amaba.

¿Cómo puede hacerlo Él? ¿Por qué debería hacerlo?, se había preguntado Yolanda.

Una sonrisa comenzó a dibujarse en el rostro de Yolanda al recordar cómo Karen la había ayudado con amor y paciencia a comprender tantas cosas sobre ella misma. Ahora comenzaba a entender cómo el amor de Dios por ella podía convertir su vida en una vida de valor y autoestima. Alcanzó la Biblia que tenía a su lado, buscó su pasaje favorito —el Salmo 139— y comenzó a leer acerca de la profundidad del compromiso de Dios con ella. Yolanda estaba comenzando a comprender el valor que ella tenía para Dios. Había sido difícil para ella creer que alguien realmente la amase y la aceptase tal como era, y menos aún Dios. Después de muchos años de lucha con quién era ella y el valor que tenía, finalmente comenzaba a creer que Dios sí que la amaba, después de todo. Con la ayuda de una amiga, estaba comenzando a entender que la verdadera autoestima estaba basada en el modo en que había sido creada y en su relación con Dios.[1]

El Salmo 139 es un hermoso cuadro del gran cuidado de Dios al crearnos a cada una de nosotras. Tome unos momentos para leer este Salmo.

Los sentimientos de valor y autoestima que una mujer tiene están envueltos en sus experiencias del pasado y del presente. Todas las facetas de su vida influyen en su percepción de quién es ella como persona. Desde el momento en que es concebida, hay pensamientos y experiencias que conducen al modo en que ella se identifica a sí misma como persona. Hay eventos positivos y negativos que suceden en el hogar, en el patio de juegos, en la escuela, en la iglesia, en los medios de comunicación, en las relaciones, en el matrimonio, en el divorcio, en las relaciones disfuncionales, durante la muerte de un ser querido... y la lista continúa. Cada mujer puede identificarse con eventos o experiencias en su vida que han creado sentimientos de valía personal negativos y positivos. Esos eventos nos moldean, pero nuestro desafío es el de separar las experiencias de nuestras vidas de nuestra verdadera identidad, basándonos en nuestra relación con un Dios amoroso y perdonador. Responda las siguientes preguntas con eso en mente.

1. Enumere cinco palabras para describirse a sí misma aparte de la de ser hija de Dios.

2. Escriba una breve afirmación que explique quién es usted como mujer.

3.   ¿Cómo definiría la palabra "autoestima"?

4.   ¿Existe una diferencia entre la valía y la autoestima? Explique su respuesta.

Es importante observar que la autoestima positiva o sana no está relaciona-
da con exaltarnos a nosotras mismas ni pensar más de nosotras mismas de lo
que debiéramos. Esto ha sido un malentendido en algunos círculos cristianos.
Una autoestima saludable fortalece nuestro caminar cristiano, ayudándonos a
caminar en humildad a medida que amamos a Dios y amamos a los demás.

SABIDURÍA ETERNA

Nuestra esperanza no radica en quiénes somos nosotras sino en quién es
Dios. Él nos ha creado a su imagen (ver Génesis 1:27); sin embargo, muchas
veces olvidamos este hecho y vivimos nuestras vidas muy lejos de lo que Dios
nos ha llamado a ser. El Salmo 139 es una bella descripción de la grandeza de
Dios y de su amor por nosotros: su creación. No solo nos da esperanza sino
también la seguridad de que Dios nos conoce; de hecho, Él nos conoce mucho
mejor de lo que nos conocemos a nosotras mismas.

5.   El Salmo 139:13-14 capta el corazón de este capítulo. Escriba una frase
     para describir lo que significan cada una de las siguientes frases:

     "Tú creaste mis entrañas;"

     "Me formaste en el vientre de mi madre".

     "¡Te alabo porque soy una creación admirable!"

"¡Tus obras son maravillosas, y esto lo sé muy bien!"

6. Resuma lo que esos versículos dicen acerca de usted.

7. ¿Está de acuerdo con lo que acaba de escribir? Explique su respuesta.

Hay más cosas que examinar en el Salmo 139 que ofrecen comprensión sobre la actitud de Dios hacia nosotras. No solo le veremos como Creador, sino también veremos otros atributos que afirman su amor.

8. Vuelva a leer el Salmo 139, subrayando u observando las palabras y frases que se destacan para usted. (Puede que quiera escribirlas en su diario o en una hoja de papel aparte.)

UNA ESPERANZA INQUEBRANTABLE

Hay muchas situaciones que evitan que creamos que Dios nos ama y que tiene un propósito único para cada una de nosotras. En la historia del comienzo, el ambiente de Yolanda, junto con sus propias percepciones, influyó en sus sentimientos de autoestima, haciéndola sentirse rechazada y no aceptada. Cuando creció, su sentido de autoestima se hizo dependiente de lo productiva que ella era y de si realizaba un buen trabajo. Antes de comenzar a entender lo que Karen le decía acerca del amor de Dios, hubo días en que ella sentía que nunca llegaría a nada.

9. Enumere circunstancias, personas y eventos que hayan causado un impacto negativo en su propia vida.

Ponga una marca al lado de los que aún estén sin resolver.

¿Cómo han afectado esas cosas que usted ha escrito a quién es usted y el modo en que vive su vida?

10. ¿Cómo se relaciona el Salmo 56:3-4 con circunstancias o personas que hayan provocado un efecto negativo en usted?

11. Vuelva a escribir el Salmo 51:10-12 como una oración.

Puede haber una situación o una persona en su vida que usted sienta que nunca será capaz de perdonar. Lo que es importante es el modo en que usted permita que esos asuntos continúen afectándole. ¿Está preparada para permitir que el Señor quite de usted las capas de heridas y experiencias dolorosas para que Él pueda restaurar en usted la identidad dada por Dios? Puede que tome tiempo, pero Dios es fiel.[2]

Comprender nuestra autoestima es el comienzo del proceso. El siguiente paso es cambiar el modo en que pensamos de nosotras mismas. Si creemos lo que está escrito en la Biblia sobre Dios y su amor por nosotras, entonces podemos comenzar a reclamar los pensamientos positivos que Él dice sobre nosotras y hacia nosotras. En lugar de decir: "Nunca llegaré a nada", podemos comenzar a decir: "Soy hija de Dios; Él me creó y me ama; además, Él tiene un plan para mi vida, y me ayudará a entenderlo".

12. Recordando esta sesión, ¿qué área le gustaría presentar delante de Dios para que la sane?

Hay una parte del Salmo 139:14 de la que no hablamos anteriormente: "Te alabaré porque...". Alabar a Dios es el primer paso para descubrir nuestro valor ante Él. Es un reconocimiento de que Dios es bueno, que nos ama y que nosotras le amamos a Él.

13. Comience alabando a Dios por quién es Él. Lea los siguientes versículos y luego haga una lista de las razones que tenga para alabar al Señor. Utilice su diario si necesita más espacio.

   · "Alábenlo por sus proezas, alábenlo por su inmensa grandeza" (Salmo 150:2).
   · "¡Que todo lo que respira alabe al Señor!" (Salmo 150:6).
   · "Alabaré al Señor toda mi vida; mientras haya aliento en mí, cantaré salmos a mi Dios" (Salmo 146:2).
   · "Excelso es nuestro Señor, y grande su poder; su entendimiento es infinito" (Salmo 147:5).

Continúe añadiendo a esta lista a lo largo de este estudio. Siempre que esté pasando un día difícil, regrese a esta lista para darle un empuje a su alabanza.

14. Yolanda ha comenzado su viaje de redescubrimiento del diseño de Dios en su vida. Su comprensión del Salmo 139 ha sido fundamental para que ella se agarre al amor de Dios cuando los recuerdos de rechazo comienzan a jugar dentro de su cabeza. En la pregunta 5 se le pidió a usted que leyera el Salmo 139. En la pregunta 8 se le pidió que subrayara u observara palabras y frases que destacasen para usted. Ahora reúna todas esas cosas para crear su propia paráfrasis del Salmo 139. Escríbalo como una carta a Dios en el espacio siguiente.

¡Dios es un Dios de creatividad! Si hay otro formato artístico (dibujo, pintura, canto, escultura, danza, etc.) que le ayudaría a expresar lo que está en su corazón, utilice ese en lugar del anterior.

Está bien expresar que usted está teniendo dificultad para creer que Dios la ama o que usted "es una creación admirable", si es así como se siente. Lo importante es ser capaz de reconocer y expresar el amor de Dios por usted, y luego aprender a alabarlo a Él por quién es usted, aun en su estado imperfecto. Dios es mucho más grande que sus debilidades y sus heridas. Pídale que la transforme renovando su mente y fortaleciendo su corazón (ver Romanos 12:2).

En las siguientes siete sesiones exploraremos diferentes facetas de la femineidad. Que Dios le bendiga a medida que recorre este viaje de autodescubrimiento y a medida que aprende lo que significa ser una mujer digna del amor de Dios.

Notas

1. Este es un relato ficticio. Cualquier parecido con eventos o personas reales, vivas o muertas, es pura coincidencia.
2. Ciertos asuntos pueden requerir ayuda profesional. Puede usted pedir ayuda a su pastor o pedir referencias de un consejero cristiano profesional.

¿Quién SOY?

Con tus manos me creaste, me diste forma.
Dame entendimiento para aprender tus mandamientos.
SALMO 119:73

MUJER EN LA VIDA COTIDIANA

Era el cumpleaños de Sara. Ella era una mujer dulce y amable que caía bien a todo el mundo; siempre estaba dispuesta a ayudar si se le pedía, y nunca estaba en desacuerdo con la decisión del grupo respecto a cuál debiera ser el siguiente proyecto. Tomar decisiones no era algo que a Sara le gustaba hacer.

Jenny estaba emocionada. Iban a celebrar una fiesta sorpresa para Sara en casa de Jenny, y ella quería que fuese festiva y divertida. Se pasó horas buscando la decoración correcta y planificando la fiesta. De camino a su casa se dio cuenta que había olvidado recoger el pastel, así que frenéticamente condujo otra vez hasta la tienda, llegando a su casa justo a tiempo para ver a Mónica esperándola en la puerta.

Mónica esperaba con ansiedad. Ella había llegado 15 minutos antes para asegurarse de que todo estuviera perfecto para la fiesta, y se molestó porque Jenny si siquiera estaba en casa. Cuando Cristina llegó con su auto a la casa de Jenny, comenzó a sacar bolsas de su auto y a asignar tareas a todo el mundo que estuviera allí para ayudar. Jenny hizo una broma sobre haber llegado tarde; después comenzó a sacar los objetos decorativos de las bolsas y a apilarlos sobre la mesa. Mónica dio un suspiro y comenzó a trasladarlos a una mesa auxiliar para poder preparar la mesa adecuadamente. Cada vaso, tenedor, cuchara, cuchillo y plato tenían que ponerse en esas posiciones.

Cristina comenzó a quejarse de que estaban empleando demasiado tiempo. Ella quería sencillamente que ellas terminaran el trabajo y dejasen de ser tan detallistas. Mónica se sintió insultada por la necesidad de controlar de Cristina, pero se calló sus sentimientos. Jenny simplemente se rió, hizo a un lado los comentarios de Cristina y siguió trabajando.

Finalmente, llegó la hora de la fiesta. Las invitadas comenzaron a llegar y a prepararse para la entrada de Sara. Poco después Sara entró, pensando que iba allí para recoger a Jenny y salir a comer. Todo el mundo gritó: "¡Sorpresa!". Sara miró a su alrededor, asimilándolo todo pero guardándose su emoción; sonrió y le dio un abrazo a Jenny.

La fiesta fue todo un éxito. Jenny estaba emocionada; Cristina sabía que no podrían haberlo logrado sin que ella lo organizara; Mónica deseó poder haber hecho un mejor trabajo; y Sara se sintió querida y apreciada. Al final, las cuatro amigas se abrazaron unas a otras y se rieron del tiempo que habían pasado juntas.[1]

❧

¡Las mujeres son estupendas! A todas se nos ha dotado de temperamentos (personalidades) únicos que definen nuestros talentos, capacidades y emociones. El propósito de esta sesión es ayudarnos a reconocer la personalidad que Dios diseñó en nosotras para que podamos conocernos mejor a nosotras mismas, apreciar nuestros puntos fuertes y mejorar en los puntos débiles. Es una oportunidad para entender por qué nos comportamos y reaccionamos del modo en que lo hacemos; también nos ayudará a comprender por qué los demás se comportan del modo en que lo hacen.

Una forma de considerar la personalidad es el modelo de los cuatro temperamentos básicos.[2] Según este modelo, cada una de nosotras somos una mezcla de cuatro temperamentos básicos con uno de esos tipos que destaca por encima de los demás. Nuestra meta aquí es reconocer esos temperamentos básicos y ver cuál (o qué combinación) describe mejor quiénes somos. Esta es una herramienta muy valiosa porque nos ayuda a entendernos mejor a nosotras mismas (y a los demás) y a darnos cuenta de que realmente no nos ocurre nada. Dios puede que la haya creado a usted con unas fuertes capacidades de liderazgo, o con un corazón de sierva; puede que Él la haya creado con un espíritu gozoso o con un deseo de llevar paz al mundo. Comprender cómo Dios nos ha creado de forma única a cada una de nosotras nos ayuda a tener una mayor apreciación de nuestro valor para Dios y para nuestro mundo. En lugar de intentar enterrar nuestras personalidades, necesitamos comprenderlas para que, con un gran alivio, podamos decir: "¡Por eso me comporto de este modo!". Comprender nuestros temperamentos comienza con saber que Dios nos ha creado a cada una con un propósito y un plan en mente (ver Efesios 2:10).

Echemos un vistazo a un sencillo modelo de los cuatro temperamentos para comprender la personalidad.[3] Estos temperamentos están divididos en dos grupos: extrovertidos e introvertidos. Los extrovertidos son abiertos y expresivos exteriormente, y prefieren estar rodeados de gente. En este modelo, las personalidades extrovertidas incluyen a los sanguíneos y los coléricos. Los introvertidos son más reflexivos y contemplativos, y prefieren los momentos de soledad. Las personalidades introvertidas son los melancólicos y los flemáticos. Descubramos más cosas de estos cuatro tipos de personalidad.

A los **sanguíneos** les encanta la diversión. Si se les pone en una habitación con gente, pasarán un tiempo estupendo. Es fácil llevarse bien con ellos y, generalmente caen bien a la gente. Los sanguíneos son muy expresivos, entusiastas y emocionales; tienen sentido del humor, son creativos y disfrutan de la gente. Necesitan atención, afecto, aprobación y aceptación. Por otro lado, normalmente se les considera desorganizados, no orientados hacia el detalle, a menudo ingenuos o inocentes, y rara vez serios.

1. ¿A quién conoce usted que sea sanguíneo? Describa las características predominantes de esa persona.

A los **coléricos** se les considera líderes natos. Son quienes consiguen que se hagan las cosas, pero a su manera. Los coléricos creen que ellos siempre llevan la razón y que saben exactamente el modo en que algo debiera manejarse. Son estupendos en las emergencias porque realizan valoraciones rápidas y correctas, pero a veces pueden apagar el entusiasmo de un incauto sanguíneo que no sea tan organizado o con tanto empuje. Para otros, los coléricos necesitan sentir un sentido de obediencia, apreciación de los logros y mérito por un trabajo bien ello. En el aspecto negativo, los coléricos son muchas veces considerados demasiado mandones, insensibles o impacientes.

2. ¿A quién conoce usted que muestre las cualidades de liderazgo de un colérico? Enumere sus cualidades.

Los **melancólicos** son pensadores. Muchos artistas, poetas y músicos son melancólicos. Sus mentes analíticas también hacen que sean muy buenos para las matemáticas y los campos de la ingeniería. Mucho más reservados que los extrovertidos, los melancólicos prefieren una atmósfera tranquila y escoger a sus amigos con cautela. A menudo muestran un corazón de siervos, del cual pueden aprender otros temperamentos. Tienen necesidad de un sentido de estabilidad, espacio, silencio y apoyo. Por otro lado, los melancólicos pueden llegar a tener cambios de ánimo y sentirse fácilmente deprimidos. Las actitudes perfeccionistas pueden también dar paso a la crítica propia y de los demás.

3. ¿Conoce a alguien que tenga tendencias melancólicas? Explique su elección.

Los **flemáticos** son pacificadores natos. Son los silenciosos observadores en el grupo, contentos con sentarse y ocuparse de un día cada vez sin estremecerse. Los flemáticos se llevan bien prácticamente con todo el mundo. Necesitan un sentido de respeto, de valía y de apoyo emocional. Ser de trato fácil y contento son unas cualidades estupendas, pero cuando se llevan a los extremos, el flemático puede considerarse indeciso, perezoso y sin motivación. Y bajo toda esa reserva, hay una oculta obstinación.

4. ¿Quién es un pacificador en su vida? ¿Qué otras características flemáticas tiene esa persona?

En nuestra historia, Jenny simplemente estaba interesada en celebrar una fiesta: recordar todos los detalles no era una prioridad. Mónica llegó temprano para asegurarse de que todo se realizara de modo perfecto. Cristina llegó preparada para la acción, tomando el mando y organizando todo. Sara era la amiga amable y sin muchas emociones a la que todas querían. Los variados tipos de personalidad de esas cuatro amigas sirvieron para unirlas de un modo paradójico.

5. Subraye los temperamentos que mejor describan a cada mujer en nuestra historia.

Jenny	Flemática
Sara	Colérica
Cristina	Sanguínea
Mónica	Melancólica

Cada una de nosotras podría ser una mezcla de dos o más tipos de estas cuatro personalidades, pero normalmente hay un temperamento dominante que nos motiva.

6. ¿Cuáles de estas características de la personalidad representa mejor su temperamento? Explique su respuesta.

7. ¿Cómo puede ayudarla comprender su temperamento a apreciar su valor?

8. ¿Cómo puede ayudarla comprender los distintos temperamentos a apreciar la singularidad de los demás?

9. ¿Qué dice Génesis 1:31 sobre el acto de creación de Dios de usted?

Dialogar sobre los tipos de personalidades no significa que pongamos a las personas —incluyéndonos a nosotras mismas— en cajas con lindos lazos alrededor de ellas. Es simplemente una herramienta para ayudarnos a comprendernos a nosotras mismas y a aprender a apreciar a los demás.

SABIDURÍA ETERNA

En el Salmo 119:73 el escritor reconocía a Dios como su creador. Dios formó cada parte: física, emocional, espiritual y mental. Sabiendo esto, el salmista pidió entendimiento para conocer los caminos de Dios. Cuando Dios forma a las personas, Él les otorga diferentes capacidades y dones basados en los propósitos que Él tiene para cada persona. Cada una de nosotras tiene algo en particular con lo que contribuir basado en quiénes somos.

Efesios 2:10 dice: "Porque somos hechura de Dios, creados en Cristo Jesús para buenas obras".

10. Busque la palabra "hechura" en un diccionario. ¿Cómo le ayuda la definición del diccionario a aclarar el propósito para el cual fue usted creada?

¿Cómo debiera este versículo afectar la manera en que pensamos sobre nosotras mismas?

11. ¿Cómo ha afectado "ser creada en Cristo Jesús" su propósito en la vida y la expresión de sus características innatas de personalidad?

De modo increíble, cuando comenzamos a aceptarnos a nosotras mismas, podemos comenzar a aceptar a otros y a comprender también sus puntos fuertes y débiles. Podemos tolerar —e incluso apreciar— el porqué alguien se comporta del modo en que lo hace. Mientras que a una persona le puede encantar estar cerca de una persona que ame la diversión, otra podría considerar a esa persona irresponsable y ruidosa. Alguien puede considerar aburrida a una profunda pensadora. El fuerte líder en su vida que proporciona una estupenda dirección podría ser considerado mandón y controlador por otra persona.

12. ¿Cómo se relaciona Mateo 7:1-5 con el modo en que debiéramos reaccionar hacia las personalidades de los demás?

UNA ESPERANZA INQUEBRANTABLE ——

Dios nos ha dado a cada una de nosotras la capacidad de hacer bien ciertas cosas (ver Romanos 12:6-8), pero hay algunos puntos fuertes o capacidades que necesitan ser alimentadas.

13. ¿Qué puntos fuertes de su personalidad le capacitan para hacer algo bien?

14. Enumere aspectos de su personalidad que haya estado intentando ocultar, ya sea por temor a llenarse de orgullo o porque simplemente no comprendía que Dios los había creado para bien.

15. ¿Qué pasos puede usted dar para desarrollar sus puntos fuertes?

Pida a Dios que le muestre una debilidad en la que usted podría comenzar a mejorar. No se enfoque en lo que los demás puedan haber dicho sobre usted; enfóquese en lo que usted oiga a Dios decirle en su corazón. Puede que se sorprenda por lo que Él tiene que decir.

VIDA DIARIA

Hemos pasado algún tiempo considerando los tipos básicos de temperamentos utilizando un modelo. Aunque no hemos agotado el tema, nuestro objetivo ha sido reconocer que lo que Dios ha creado en usted es bueno. Comprender y apreciar su temperamento constituyen partes vitales para desarrollar una autoestima saludable. El paso más importante que usted puede dar es comenzar a creer lo que su Palabra tiene que decir acerca de usted.

Crecer en el entendimiento de su temperamento implica ejercitar los dones que Dios le haya dado para servir al Cuerpo de Cristo. La epístola de 1 Pedro 4:10 dice: "Cada uno ponga al servicio de los demás el don que haya recibido".

16. ¿Qué dones y capacidades le ha dado Dios a usted?

¿Cómo puede utilizarlos para servir a los demás?

Esta semana enfóquese en descubrir cómo Dios puede usarla para servir al Cuerpo de Cristo y a su comunidad. A medida que permita a Dios desarrollar sus puntos fuertes, pídale que le muestre la mejor manera en que usted puede amar y servir a los demás.

Tome unos momentos para visualizar su vida como obra maestra que Dios está creando. Véala como una obra en progreso. Déle gracias a Él por las fuertes cualidades que usted posee, y alábelo por perfeccionar las áreas débiles. Escriba una nota a Dios expresando lo que usted ve, o haga un dibujo que exprese la obra de arte que usted ve, en su diario o en el espacio siguiente.

Notas

1. Este es un relato ficticio. Cualquier parecido con eventos o personas reales, vivas o muertas, es pura coincidencia.
2. Esta lección es solo una introducción a los temperamentos y no es de ningún modo exhaustiva. Hay muchos paradigmas de la personalidad, y el propósito de utilizar este modelo de cuatro personalidades es simplemente ayudarle a entender los puntos fuertes y débiles básicos de los diferentes tipos de personalidad. Para obtener recursos de otros modelos de temperamento, visite la página web de Enfoque a la Familia: www.family.org y busque "tipos de personalidad".
3. Florence Littauer, *Personality Plus* (Tarrytown, NY: F. H. Revell, 1992).

ES MI
Cuerpo

*'Oye, Israel. El Señor nuestro Dios, el Señor es uno..... Ama al Señor tu Dios
con todo tu corazón, con toda tu alma, con toda tu mente y con todas tus fuerzas.'
El segundo es: Ama a tu prójimo como a ti mismo.*
MARCOS 12:29-31

MUJER EN LA VIDA COTIDIANA

Milagros, una señora de unos setenta años, le diagnosticaron un cáncer en etapa cuatro. Ella quedó destrozada. Había muchas cosas que ella aún quería hacer, como pasar más tiempo con su familia y amigas. Siendo una mujer muy activa, fue difícil para Milagros manejar lo que estaba sucediendo. *¿Por qué, Dios?*, clamaba su corazón.

Con su familia y sus amigos a su lado, sufrió una importante operación para extirparle todo lo que fuera posible el cáncer. Su médico era optimista en cuanto a que si ella sobrevivía a la operación, sobreviviría también al tratamiento con quimioterapia y tendría aproximadamente un año más de vida para disfrutar. La operación fue muy bien, y ella pudo regresar a casa. Una enfermera iba a su casa para ayudar a la familia de Milagros a cuidar de ella. Durante una de sus visitas, Carla, la enfermera, le preguntó a Milagros cómo se sentía por todo lo que había sucedido. "Bien, debo admitir que fue una conmoción cuando escuché por primera vez lo del cáncer. No podía creer que estuviera sucediendo, y comencé a sentir lástima de mí misma. Entonces, un día comprendí que Dios sabe exactamente lo que está sucediendo. Yo quiero vivir, pero si Él dice que ha llegado el momento de que me vaya, no puedo discutir. Tengo que confiarle a Él mi vida y mi familia". Carla sonrió a aquella mujer cuya fortaleza y fe la sorprendían.

Finalmente, Milagros comenzó a hacer ejercicio. Observó que su fortaleza aumentaba, y ya no se sentía tan deprimida como antes cuando sencillamente se sentaba por la casa. Después de la segunda sesión de quimioterapia, se le comenzó a caer el cabello, y ella se miraba al espejo y lloraba. Su hija comenzó a llevarle pañuelos para la cabeza y un gorro para que su cabeza estuviese caliente. Una vez más, Milagros decidió seguir adelante; se sentía mejor cuando simplemente aceptó lo que no estaba bajo su control.

La gente notó que ella parecía estar cada vez más hermosa. Ella comenzó a brillar desde dentro hacia fuera.

—Milagros, ¿cómo lo haces?—le preguntó su amiga Josie.

—Bien—dijo Milagros—, tengo estupendos amigos y familiares que me apoyan y me quieren en medio de todo esto. Dios ha estado conmigo, y sé que mi vida está en sus manos. Ya que se me ha dado una segunda oportunidad, sencillamente no voy a preocuparme por las cosas que no tienen importancia. Mi cabello volverá a crecer; además, quiero ver cómo se ve gris—bromeó Milagros.

Josie la observó con una creciente admiración debido a la fe y la esperanza que ella demostraba. Josie no vio a una mujer anciana y sin cabello; ¡ella vio a una mujer hermosa que irradiaba vida![1]

❧

La medida del valor de una mujer no depende de lo mucho que haya logrado en la vida, de lo mucho que pese, de cómo sea su aspecto o ni siquiera de lo que otros perciban que es su nivel de espiritualidad. La autoestima de una mujer está basada en su capacidad de mirarse al espejo y que le guste la mujer que ve reflejada en él. Determinar la autoestima es descubrir el valor de la persona a la que Dios creó; es reconocer que su valor se basa en el amor, la gracia y el perfecto diseño de Dios.

Un importante aspecto de la autoestima es comprender la importancia de cuidar de la persona integral: cuerpo, alma, mente y espíritu. Estas áreas están interconectadas. Milagros escogió dejar que las áreas espirituales, emocionales y mentales de su vida sobrepasaran la realidad de la física. Al hacerlo, ella ha llevado una vida bastante normal en medio de circunstancias abrumadoras.

1. ¿En qué áreas demostró Milagros equilibrio espiritualmente, físicamente, mentalmente y emocionalmente?

¿Cuál habría sido su calidad de vida si ella hubiese cedido a lo físico y lo emocional, ignorando las otras áreas de su vida?

Es importante mirar globalmente quiénes somos. El propósito de esta sesión no es enfocarse en si es usted gorda o delgada; no se trata de lo inteligente o exteriormente espiritual que sea; no se trata de ser feliz todo el tiempo. Esta sesión se trata de cuidar de todo su ser, enfocándose en el modo en que cada área de su ser afecta a las otras y cómo el Señor puede ayudarle a desarrollar una mentalidad equilibrada.

Marcos 12:28-31 describe cuerpo, alma, mente y espíritu.

El cuerpo: el "yo" físico

La mayoría de nosotras pensamos que sería estupendo estar delgadas; otras quieren ser más altas o más bajas. Jugamos el juego de las comparaciones: "Si solamente me pareciera a... entonces mi vida sería perfecta". Se anima a los atletas a trabajar duro y no engordar ni un gramo. Las modelos pasan hambre para mantener su peso, por temor a perder su atractivo cuando llegue el momento de cumplir 30 años. Las actrices descubren que cuanto más envejecen, más difícil es conseguir papeles protagonistas.

2. ¿Qué le ocurre a una mujer que lucha por perfeccionar su cuerpo para obtener la aprobación de los demás?

¿Debiéramos renunciar a la idea de hacer dieta? Sí, pero solamente si la sustituimos por un deseo de tener un cuerpo sano por medio de una buena nutrición y ejercicio. "Ejercicio" puede ser una palabra muy temida. Muchas dirían: "Yo soy alérgica al ejercicio". En nuestra historia, Milagros aprendió que eso la ayudó a sentirse mejor. Solo unos cuantos minutos al día le levantaba el ánimo y aumentaba su fuerza.

3. ¿Cuál es el estado de su salud física? ¿Cómo le gustaría que fuese de aquí a 10, 20 o 30 años?

4.   ¿Qué impacto causa en su cuerpo el cuidado físico deficiente? ¿Cómo afecta a su mente, emociones y caminar con Dios?

Cada una de nosotras es un ser espiritual que vive en un cuerpo físico. Ese caparazón puede que sea temporal, pero el modo en que lo cuidemos determinará en gran parte la calidad y duración de nuestra vida.

El alma: el "yo" emocional

Las mujeres son criaturas emocionales. ¿Alguna vez se ha mirado en el espejo y ha pensado que no podría verse mejor, solo para estar convencida al día siguiente de que Dios no podría haber creado a una persona más horrible? ¿Qué provocó ese cambio de pensamiento de un día al siguiente? Varios factores pueden haber contribuido. Quizá se comiera usted un pedazo de pastel de chocolate y se sintiese angustiada con usted misma. Quizá estuviera a punto de tener su periodo, o quizá alguien dijo algo que usted se tomó de forma incorrecta. Quizá usted simplemente no se sintiera bien. La causa no importa; la cuestión es que lo que usted sintió era muy real ese día. Las emociones positivas y negativas pueden tener efectos duraderos en nosotras mentalmente, espiritualmente y físicamente.

5.   ¿Cómo dañan las emociones negativas nuestro bienestar?

6.   Según Proverbios 15:13: "El corazón alegre se refleja en el rostro, el corazón dolido deprime el espíritu". ¿Cómo ha experimentado usted esa verdad?

Nuestras emociones están más íntimamente ligadas a nuestros pensamientos.

La mente: el "yo" pensante

Las palabras que salen de nuestras bocas son el resultado de nuestros procesos de pensamiento, pero el tono de nuestros pensamientos también afecta a nuestro bienestar espiritual, emocional y físico. Considere cómo los pensamientos negativos de otra persona le han afectado a usted en el pasado, o cómo alguien que siempre parece ver el lado positivo de las cosas ayuda a los demás a sentirse mejor.

7. ¿Cómo se relaciona el consejo de David a su hijo Salomón en 1 Crónicas 28:9 con la salud mental?

Al igual que el ejercicio físico es importante para un cuerpo sano, la mente también necesita ser ejercitada. Una mente sana da como resultado un yo más sano.

Lo espiritual: el Señor en mí

Nuestro ser espiritual está en el centro de quiénes somos. El cuidado espiritual es esencial para nuestro crecimiento en la relación con Dios, proporcionando equilibrio y sostén a todas las áreas de nuestra vida.

8. En una escala de 1 a 10, ¿cómo evaluaría su salud espiritual?

1	2	3	4	5	6	7	8	9	10

No sana   De algún modo sana   Muy sana

9. La salud espiritual depende del alimento espiritual. Según Mateo 4:4, ¿dónde podemos encontrar ese alimento?

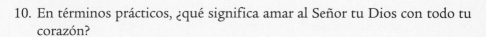

En Marcos 12:29-30, Jesús citó el mandamiento original dado por Dios al pueblo de Israel en Deuteronomio 6:4-5. En los versículos anteriores — Deuteronomio 6:1-3— Dios explicó a su pueblo que ellos podían ser sanos y prósperos si le ponían a Él en primer lugar y obedecían los mandamientos que Él les había dado. Este pasaje habla de cómo estar totalmente satisfecha: con Dios y con cada área de la vida. Dios les prometió esperanza y un futuro; el cumplimiento de esa promesa dependía del compromiso y la obediencia del pueblo al Señor.

10. En términos prácticos, ¿qué significa amar al Señor tu Dios con todo tu corazón?

¿Y con toda tu alma?

¿Y con toda tu mente?

¿Y con toda tu fuerza?

11. Parafrasee Marcos 12:29-30 convirtiéndolo en una oración de compromiso.

Dios quiere que le amemos con todo nuestro ser porque es así como Él nos creó: como personas completas. Necesitamos comprender la importancia de la buena salud emocional, mental, física y espiritual.

12. Decida a qué aspecto de la salud personal se aplica cada versículo. Rellene el espacio en blanco con la letra adecuada (**A** para cuerpo, **B** para alma, **C** para mente, **D** para espíritu).

_____ "Porque mis pensamientos no son los de ustedes... afirma el Señor" (Isaías 55:8).

_____ "No sólo de pan vive el hombre, sino de toda palabra que sale de la boca de Dios." (Mateo 4:4).

_____ "Que la belleza de ustedes no sea la externa" (1 Pedro 3:3).

_____ "¿Acaso no saben que su cuerpo es templo del Espíritu Santo?" (1 Corintios 6:19).

_____ "La angustia abate el corazón del hombre, pero una palabra amable lo alegra" (Proverbios 12:25).

_____ "¡Cuán preciosos, oh Dios, me son tus pensamientos!" (Salmo 139:17).

_____ "El espíritu humano es la lámpara del Señor, pues escudriña lo más recóndito del ser" (Proverbios 20:27).

_____ "Sean, pues, aceptables ante ti mis palabras y mis pensamientos" (Salmo 19:14).

UNA ESPERANZA INQUEBRANTABLE

El espíritu de una mujer o bien crece o bien se queda achaparrado según ella piense y sienta sobre sí misma. Si queremos tener una imagen corporal sana, necesitamos cambiar nuestro modo de pensar.

13. ¿Cómo ve usted su cuerpo? Responda a cada una de las siguientes frases (1 significa fuerte *desacuerdo*, 5 significa fuerte *acuerdo*).

	1	2	3	4	5
Me agrada el cuerpo que tengo.					
Mantener una vida espiritual es una prioridad para mí.					
No dejo que mis emociones controlen el modo en que pienso de mí misma.					
Me gusta pensar en lo que es bueno de mí en lugar de pensar en lo que es malo.					
Comer adecuadamente y ejercitarme con regularidad son cosas importantes para mí.					
Pasar tiempo adorando a Dios satisface algo dentro de mí, y lo hago a menudo.					
Paso tiempo cada día leyendo y pensando en la Palabra de Dios.					

Aunque el equilibrio es importante, cuidar de nuestra salud espiritual debe estar en primer lugar. "Más bien, busquen primeramente el reino de Dios y su justicia, y todas estas cosas les serán añadidas" (Mateo 6:33). Estudiar la Palabra de Dios, memorizarla, orar y ayunar son maneras de crecer espiritualmente, y naturalmente nos ayudan estar correctamente alineadas en las demás áreas.

14. ¿Con qué área de su salud espiritual necesita pedir ayuda a Dios?

¿Qué primeros pasos puede dar para cambiar?

Como ya hemos discutido, cuando a Jesús le preguntaron cuál era el mayor mandamiento (ver Marcos 12:29-30), Él citó Deuteronomio 6:4-5. En el versículo 31 Él añadió el segundo mayor mandamiento: "Ama a tu prójimo como a ti mismo".

15. ¿Qué significa amar al prójimo como a ti mismo?

Amarnos a nosotras mismas es una de las cosas más difíciles para muchas de nosotras. Hay dos cosas a recordar: en primer lugar, un amor sano a una misma no es orgulloso sino que está basado en quién es Dios y en su amor por nosotras (ver Juan 3:16); en segundo lugar, según nos juzgamos a nosotras mismas juzgamos a los demás. Pensar de modo negativo produce pensamientos negativos no solo acerca de nosotras mismas, sino también acerca de los demás. Al considerar estas cosas, pida al Señor que le ayude a cambiar su actitud.

16. Según Colosenses 3:1-2, ¿cuál debería ser su actitud?

Cuando lleguen los pensamientos, emociones o actitudes negativas, necesitamos girar nuestro enfoque hacia Jesús.

VIDA DIARIA

Cuidar adecuadamente de todo su ser es mucho más importante para la autoestima que lo bella o inteligente que usted sea. A medida que le pida al Señor que le ayude a traer equilibrio a su vida poniéndolo a Él en primer lugar, Él le ayudará a alimentar las áreas más importantes de quién es usted.

El papel del Espíritu Santo en su vida es crucial para el desarrollo de una imagen corporal sana e integral.

17. Resuma los siguientes versículos para mostrar el papel del Espíritu Santo en la vida de un creyente.

Juan 14:16-17

Juan 16:13

Romanos 8:14-16

Gálatas 5:22-23, 25

18. ¿Cuáles son los pasos a dar para vivir una vida santa tal como se presentan en Romanos 12:1-2?

¿Le ha mostrado el Señor algún área que a Él le gustaría renovar? Pídale que le ayude. Siempre que comience a sentirse crítica consigo misma de algún modo, deténgase y pregúntese si ese pensamiento o acto está en línea con lo que Dios dice sobre usted. Quién sabe, ¡podría usted perder cinco kilos sin intentarlo con mucha fuerza! Al menos, logrará usted el propósito de Dios para usted.

Notas
1. Esta historia está basada en eventos reales y ha sido usada con permiso.

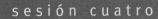
ETAPAS DE LA
vida

Hijo mío, no te olvides de mis enseñanzas; más bien,
guarda en tu corazón mis mandamientos.
Porque prolongarán tu vida muchos años y te traerán prosperidad.
PROVERBIOS 3:1-2

MUJER EN LA VIDA COTIDIANA

Nilsa se sentó en el borde de la cama observando a su nieta, Ester, jugar con su nuevo bebé. Nilsa sonrió cuando comenzó a reflexionar en lo rápido que habían pasado los años. "Recuerdo cuando tú tenías esa edad, Ester. Vaya, qué preciosa eras. Ahora te toca a ti ser la mamá".

—Oh, abuela—suspiró Ester—, hay días en que me pregunto qué clase de mamá seré. A veces me pongo muy nerviosa al pensar en el crecimiento de Elena.

—Yo me siento igual—dijo Nilsa asintiendo—. Solo recuerda esto: ella pasará por muchas etapas. Estos primeros años parecerán difíciles porque dependerá totalmente de ti, y tú te preguntarás si estás haciendo las cosas de la forma correcta. Solo recuerda que lo más importante es que ella sepa que la quieres y que estás a su lado. No te preocupes por cometer errores; son inevitables, pero tu amor y sinceridad los compensarán. Cuando ella crezca, pensarás que ella realmente ya no te necesita tanto pero, sinceramente, si que lo hará, solo que de un modo distinto. Cariño, lo harás muy bien.

—Algunas veces —contestó Ester— me asusto porque sé los muchos problemas que causé a mamá y a papá en distintos momentos. No quiero que Elena cometa esos mismos errores.

—Sí —sonrió Nilsa—, ¡pero mírate ahora! ¿Qué sería la vida sin desafíos?

Una vez más Nilsa reflexionó, esta vez pensando en su propia vida y en los eventos que habían marcado cada etapa. Algunas etapas habían sido mucho más fáciles que otras, pero todas ellas habían contribuido para que ella sea la clase de persona que es ahora. Lo que llegaría en el futuro, ella no lo sabía; en aquel momento ella sencillamente iba a disfrutar del momento con Ester y Elena.[1]

᠅

La vida de cada mujer progresa de forma natural por varias etapas de desarrollo. Esas etapas no son algo que haya que temer, sino a anticipar. Conforme veamos con más profundidad esas etapas, verá cómo han tenido influencia en la persona en la cual usted se ha convertido, al igual que el modo en que Dios las utiliza para moldearla según la mujer que Él creó que usted fuera.

1. ¿Cómo puede ayudarnos el comprender las etapas de la vida a entender y apreciar a los demás?

Las siguientes son breves descripciones de seis etapas de la vida de la mujer. En cada etapa que usted haya pasado, reflexione en cómo fue, incluyendo cómo era usted; cómo fueron sus relaciones con sus padres, sus familiares y sus amigas; cualquier evento importante (bueno o malo) que le afectara; y si fue una etapa buena, no tan buena o incluso traumática de la vida. **Nota**: Estas etapas están basadas en generalidades y situaciones ideales; ninguna de nosotras ha experimentado esas etapas tan perfectamente como se enumeran aquí. Se intenta que sean una guía del modo en que nos desarrollamos como mujeres durante las etapas normales de la vida.

Etapa uno: 0 a 5 años

Esta es una etapa fundamental del desarrollo, en la cual el bebé es alimentado y querido por quién es. Los padres son los principales cuidadores y crean un ambiente de seguridad para ese precioso regalo. A la edad de tres años, la niña comienza a entender que es una niña; nota diferencias entre los hombres y las mujeres (como maquillaje, afeitarse, ropa, etc.), y tiene en alta consideración a ambos. La guardería, la escuela preescolar y los eventos sociales la introducen a otras influencias. Sus cuidadores principales son sus ejemplos a seguir en esta etapa.

Etapa dos: 6 a 9 años

Su autoestima está intacta en esta etapa. Ella tiene un sentido de esperanza y aventura, un deseo de explorar su mundo y descubrir cómo encaja en él. Desarrolla amistades con otras niñas, está cerca de su mamá y le gusta hablar con su papá. Está en la edad del descubrimiento. Comienza a comprender quién es Dios y que el pecado la separa a ella de Él.

Etapa tres: 10 a 20 años

Esta etapa marca el comienzo de la pubertad. Una niña se convierte en una mujer y luego de nuevo en una niña, atrapada en esa etapa entre la juventud y la madurez. Es un momento de desarrollo hormonal a medida que su cuerpo va tomando la forma de una mujer. Su mundo comienza a cambiar. Ella se siente más tentada por la presión de grupo, desarrolla un interés por los chicos y tiende a discutir con su mamá con más frecuencia. Los cambios físicos en su cuerpo afectan al modo en que piensa de sí misma, dando como resultado altibajos emocionales. Es un periodo muy extraño. Cuando llega a los últimos años de la adolescencia, comienza a desarrollar un sentido de identidad aparte del de su mamá y su papá. Lo que padres, maestros y otras personas perciben como rebelión es en realidad una parte importante de esta etapa a medida que ella desarrolla su propia identidad como joven mujer.

Etapa cuatro: 21 a 40 años

Las elecciones de estilos de vida que una mujer hace durante esta etapa moldearán el resto de su vida. Ella comprende su identidad sexual y está cómoda consigo misma como mujer. Su cuerpo está en la cumbre físicamente y debiera funcionar del mejor modo. Quizá sea la etapa más ocupada de la vida de la mujer. Las decisiones con respecto a la carrera, el matrimonio y la familia generalmente se toman durante esta etapa a medida que ella comienza a reconocer sus dones y su influencia. Puede ser un desafío para ella el no ignorar su cuerpo, mente, alma y espíritu durante esta etapa, pues puede estar bajo una fuerte presión para ocuparse de otros. Cuando se mira en el espejo, ella ve cada vez más el rostro de su mamá y comienza a darse cuenta de la tremenda influencia que su mamá ha tenido en ella.

> **Nota:** Muchas mujeres están tan ocupadas en esta etapa de la vida que pasan por alto las pruebas médicas regulares, como las citologías y las mamografías. Estas pruebas son enormemente importantes y no debieran pasarse por alto. Consulte a su médico para determinar la frecuencia con que debería someterse a esas pruebas.

Etapa cinco: 41 a 60 años

Este es el periodo en que las elecciones de estilos de vida que ella hizo anteriormente comienzan a jugar un gran papel. Las mujeres comienzan a atravesar la menopausia en esta etapa. La menopausia es una encrucijada en la vida de la mujer; ella comprende que su papel reproductor ha terminado y anhela encontrar uno nuevo. Los eventos estresantes, como la marcha de los hijos — dejándola sin nadie de quien cuidar— muchas veces se producen durante esta etapa, añadiendo presión a los altibajos emocionales. Las oleadas de calor y los cambios de humor son indicadores físicos y emocionales de lo que ella está atravesando. Aunque una nutrición adecuada, el ejercicio y una actitud saludable hacia el envejecimiento son muy importantes en esta etapa, también es sabio tener una buena relación con un ginecólogo de confianza que pueda evaluar sus niveles de hormonas. Con un cuidado físico adecuado, esta etapa es un periodo de alcanzar las metas que ella se había puesto años atrás.

Etapa seis: 61 años en adelante

Hay muchos factores que tienen influencia en esta etapa de la vida de una mujer. La calidad de su salud, la jubilación y la muerte de su cónyuge pueden a veces ensombrecer su percepción del envejecimiento obligándola a tomar decisiones de peso respecto a su futuro. A medida que redefine su identidad, se da cuenta de que disfruta de la libertad y la flexibilidad que conllevan estos años. Pasada la menopausia, ella comienza a entenderse a sí misma con un nuevo propósito. Hay estupendas oportunidades en esta etapa para estar activa en su comunidad, para disfrutar de los nietos y para tener relaciones de tutoría. Ella no se ve afectada por el punto de vista de algunos de que ella ya ha dado lo mejor de sí misma, sino que busca hacer que cada día cuente.[2]

2. De las etapas que ya ha experimentado, ¿cuál ha sido de la que más ha disfrutado? ¿Por qué?

    ¿Cuál ha sido la más difícil? ¿Por qué?

Hay muchos factores dentro de estas seis etapas que tienen un gran impacto en nuestras vidas, incluyendo el estado civil: soltera, casada, divorciada o viuda. Con la excepción del matrimonio, el desarrollo de esas situaciones de la vida no está planeado. Nadie planea que su matrimonio acabe en divorcio; pocas mujeres dirían que se quedarán solteras toda su vida; la viudedad es algo que una mujer casada sabe que podría suceder pero que espera que nunca suceda. Cada una de nosotras está en alguna de estas etapas.

3. ¿Cuál de ellas caracteriza su vida en este momento?

    ¿Cuáles son los aspectos positivos de su situación?

    ¿Qué ha sido difícil?

¿Cómo ha estado Dios con usted?

Sin importar la etapa o las circunstancias de la vida en que nos encontremos, existe una constante en nuestra vida: nuestro Señor y Salvador. Él "es el mismo ayer, y hoy y por los siglos" (Hebreos 13:8).

SABIDURÍA ETERNA

Es un hecho: ¡la vida simplemente no se queda quieta! Podemos encerrarnos a nosotras mismas en una casa alejadas de los rayos ultravioleta del sol; podemos acudir a los mejores salones; podemos buscar la fuente de la juventud. No importa lo que hagamos, la vida se irá deslizando segundo a segundo. Podemos o bien apreciar cada etapa del desarrollo o bien podemos quejarnos y lamentarnos al caminar por la vida. El modo en que atravesemos las diferentes etapas de la vida puede ser uno de los mayores factores en nuestra auto-percepción y en la calidad de la vida que vivimos.

Todo lo que usted ha experimentado en la vida le ha llevado hasta el punto en que está en este momento. Las situaciones tanto buenas como malas le han ayudado a moldear la estación en la que se encuentra ahora.

4.   ¿Cómo se relaciona Eclesiastés 3:1-8 con entender las etapas de la vida?

Entender las etapas de nuestra vida no solo nos ayuda a conocernos a nosotras mismas, sino que también nos ayuda a tener una actitud más positiva hacia los demás. En toda la Biblia, Dios nos da lecciones sobre nuestro valor en las diferentes etapas de la vida, lecciones sobre cómo tener una buena calidad de vida, al igual que sobre cómo respetar a los demás.

5.   El libro de Proverbios proporciona sabios consejos para ayudarnos a atravesar todas las etapas de la vida. ¿Cómo se relaciona Proverbios 3:1-4 con vivir bien en todas las etapas de la vida?

6. ¿Cómo se relaciona Proverbios 3:21-24 con vivir bien?

7. ¿Cuáles son los beneficios de una vida con Dios tal como se describen en los siguientes versículos?

Salmo 37:25

Salmo 92:12-15

Romanos 8:16-17

La progresión natural de la vida de una mujer a lo largo de las diversas etapas no es algo que haya que temer sino anticipar. Cada etapa tiene sus propias alegrías y tristezas, desafíos y triunfos. A medida que desarrolle un entendimiento más claro de la forma en que esas etapas han influenciado en la mujer que es usted actualmente, será capaz de ver cómo Dios utiliza cada etapa para ayudarla a convertirse en la mujer que Él diseñó que usted fuese.

UNA ESPERANZA INQUEBRANTABLE

Durante las diferentes etapas de nuestra vida, podemos encontrar desvíos que nos hagan alejarnos del camino, como los afluentes de un río que discurren alejados de la corriente principal. Esas divergencias tienen dos posibles efectos: o bien podemos permitir a Dios que los use para acercarnos más a Él, o bien podemos alejarnos y dejar que nos empujen hasta que estemos muy alejadas de Dios y viviendo sin propósito.

Para ilustrar este concepto, hagamos un dibujo. Necesitará usted una hoja de papel. Lea las siguientes instrucciones antes de comenzar. Tómese su tiempo con este proyecto y permita que el Señor le dé una revelación nueva sobre su vida.

Primera parte

En su hoja de papel, haga un dibujo de un río que comienza en las montañas y discurre hasta el océano. Necesitará espacio para escribir más adelante, así que deje espacio suficiente. Puede que quiera incluir:

· Un riachuelo que desemboque en el río desde un manantial, una catarata, etc.
· Un riachuelo que se desvíe del río y más tarde regrese a la corriente del río.
· Un riachuelo que se aparte del río y desemboque en el océano en un punto diferente.
· Un riachuelo que se aleje del río y luego desaparezca, secándose.
· Cataratas, rápidos, pantanos, lagos, etc.

Piense en la vida de ese río. ¿Qué le sucede a lo largo del camino? ¿Cuál es su destino definitivo? Imagine que su dibujo representa la vida de una mujer sin Dios. Ella nace, viaja por la vida, y después se enfrenta a la eternidad sin Dios. No ha rechazado a Dios necesariamente; simplemente no tiene ningún concepto de quién es Él. Piense en una vecina o compañera de trabajo. ¿Cuál es el destino definitivo de tal río?

Segunda parte

Ahora mire su dibujo como una instantánea de su propia vida, desde la perspectiva de una mujer que ha entregado su vida a Jesús. Complete su dibujo con lo siguiente:

· Escriba su nombre, fecha y lugar de nacimiento al principio del río. Lea el Salmo 139:15 y Jeremías 29:11; escriba esas referencias al principio del río.
· Trace líneas cruzando el río para significar las etapas de desarrollo que usted ha atravesado hasta la fecha. Puede usar códigos de color para las etapas o escribirlas si lo desea.
· Marque el punto en que usted aceptó a Cristo. Lea Juan 7:38. Si hay un versículo que haya sido importante para usted desde que se convirtió en cristiana, escríbalo aquí.
· Lea Juan 14:16-17, y luego escriba el texto en el curso del río.
· Complete su dibujo añadiendo los principales eventos de su vida, y también cualquier versículo que tenga un significado especial para usted.

8. ¿Qué le ha mostrado Dios por medio de este ejercicio?

VIDA DIARIA ————————————————————

Hasta aquí hemos visto que debemos atravesar las etapas de la vida, que la vida es fútil sin Dios, y que hay factores que están más allá de nuestro control con los que tenemos que tratar y pedir a Dios que los sane. También hemos aprendido que, aunque puede que hayamos tomado malas decisiones en el camino, Dios quiere perdonarnos y ayudarnos a permanecer en el curso que Él ha planeado para nosotras. En Cristo, tenemos aceptación y perdón de nuestro amoroso Dios; y Él desea que disfrutemos de la vida, de los demás y de su presencia.

9. Mire el río de la vida que usted dibujó. ¿Dónde está a lo largo del río?

10. ¿Qué es bueno de su vida en este punto?

11. ¿Qué le gustaría que ocurriera en su futuro?

¿Qué pasos puede dar para ver que esas cosas ocurran?

12. ¿Tiene una Escritura que le llene de esperanza o le proporcione dirección? Escríbala a continuación y memorícela. Si no es así, pida al Señor que le dé una.

Dios quiere que vivamos con un propósito durante cada etapa de nuestra vida. Sea una mujer con una actitud: ¡la actitud de Cristo (ver Filipenses 2:5-11)! Escoja vivir con propósito y felicidad. Levántese de su silla; ¡hay trabajo que hacer!

Notas

1. Este es un relato ficticio. Cualquier parecido con eventos o personas reales, vivas o muertas, es pura coincidencia.
2. "Life Stages", Health 24. http://www.health24.co.za/Wp,am/Life_stages (visto en diciembre de 2003); Dr. Deborah Newman, *A Woman´s Search for Worth* (Wheaton, IL: Tyndale House Publishers, 2002), pp. 40-45.

Femineidad

Engañoso es el encanto y pasajera la belleza;
la mujer que teme al Señor es digna de alabanza.
PROVERBIOS 31:30

MUJER EN LA VIDA COTIDIANA

Un grupo de mujeres estaban comiendo juntas. Disfrutaban de su compañía mutua y se reían de los asuntos de cada mujer. De repente, una de ellas, Janet, les preguntó a las demás:

—¿Qué es la femineidad?

—¿Qué quieres decir?—respondió alguna.

—Bien, ya saben, ¿qué significa ser femenina?—continuó Janet—. El tema surgió con una compañera de trabajo, y yo simplemente no sabía qué decir. ¿Significa que soy suave y dulce, y que llevo vestidos todo el tiempo? Intenté pensar en una definición, pero ahora me está carcomiendo, así que pensé en preguntárselo a ustedes.

Janet se levantó, batió sus pestañas y movió sus caderas de lado a lado.

—¿Estoy siendo femenina?—preguntó. El grupo se rió.

—Si eso es ser femenina, ¡entonces no cuenten conmigo!—gritó una de ellas.

—Femenina es lo contrario de masculina—sugirió otra— y, por lo tanto, amable y más relacional.

Las mujeres se miraron unas a otras con miradas inquisitivas y después comenzaron a hablar todas a un tiempo.

—¿Tiene que significar feminismo?

—No, es cierta cualidad; es parte de ser una mujer.

—¿Y sexy, atractiva?

Después de unos segundos de intentar descifrar el entresijo, Janet habló.

—Esperen, esperen, ¡no puedo oír a todas a la vez!—las mujeres se callaron—. Eso está bien; ahora una a una, díganme lo que piensan, por favor. ¿Cómo podemos definir la femineidad?[1]

Hubo una generación no muy alejada de la nuestra que habría solucionado la cuestión de la femineidad sin mucha discusión. Luego llegó el amanecer del feminismo. Algunas mujeres (y hombres) se sintieron liberadas; otras se sintieron como si estuvieran perdiendo su identidad. El feminismo radical no solo ha resquebrajado la moral social de nuestro tiempo, sino que también ha dañado la comprensión que las mujeres tienen de ellas mismas y ha torcido las nociones que los hombres tienen de sus papeles y su actitud hacia las mujeres.

A medida que los papeles de las mujeres han cambiado con el paso de las últimas décadas, la femineidad se ha visto en gran manera redefinida; pero al final, el corazón de la femineidad es la esencia de una mujer: sus características, cualidades y el diseño dado por Dios. El propósito de esta sesión es llegar al núcleo del asunto de la femineidad por medio de la identificación de esas cosas que han manchado nuestro punto de vista acerca de lo que es ser una mujer y después quitarlas para ver lo que realmente se encuentra en el núcleo de la femineidad. Al comprender el diseño de Dios, verá cómo ser una mujer es un regalo en todas las áreas de su vida, capacitándola para ser una mejor persona, esposa, madre, empleada, líder y miembro del Cuerpo de Cristo. Dios quiere que usted disfrute de sus cualidades únicas y que permita que brillen en cualquier etapa de la vida en la que esté.

1. Defina "femineidad" tal como usted la entienda.

2. Enumere al menos cinco características que piense que expresan femineidad.

3. ¿Qué influencias del ambiente de una mujer podrían afectar el modo en que ella se ve a sí misma?

4. Proporcione ejemplos de comentarios que den a la mujer una imagen negativa de la femineidad.

5. Enumere cinco características que la gente malentiende por femineidad.

Ser femeninas es parte de nuestro ADN. ¡Debiéramos disfrutar de ese hecho! Algunas de las cosas por las que nos critican son cualidades a las que deberíamos permitir crecer y expresarse.

6. Piense en tres mujeres a las que admire. ¿Qué cualidades suyas destacan para usted?

7. ¿Qué cualidades femeninas admira usted más en las mujeres? ¿Por qué?

Ya sea en el trabajo o en el hogar, la femineidad está en cada una de nosotras simplemente porque somos mujeres. Nuestras características femeninas nos permiten ser enriquecedoras, preocuparnos, amar, ser atractivas, relacionarnos, etc.

Las mujeres en nuestra historia pasaron un rato difícil para hallar una definición de "femineidad". Quizá tuvieran temor de dar una respuesta incorrecta, o quizá pensaran que el término "femenina" las catalogaría de anticuadas. ¿Es la femineidad algo a lograr o a evitar? Puede que sea útil pensar en la femineidad en términos de lo que distingue a una mujer de un hombre: sus cualidades de mujer.

8. Cuando lea Proverbios 31:10-31, observe palabras o frases que describan cualidades femeninas (puede que quiera subrayarlas o marcarlas en su Biblia).

¿Qué cualidades enriquecedoras poseía esta mujer como esposa y madre?

9. ¿Qué cualidades femeninas la ayudaron a destacar en el mundo empresarial?

10. ¿Qué tres cualidades femeninas se mencionan en el versículo 30? ¿Qué dice acerca de ellas?

¿Cómo se diferencia eso del punto de vista del mundo sobre cómo esas cualidades debieran relacionarse con la femineidad?

Aunque este pasaje es un tanto intimidatorio para la mayoría de nosotras, esta mujer es un excelente ejemplo de cómo utilizar cualidades femeninas para complementar puntos fuertes individuales para la gloria de Dios. En lugar de sentirse abrumada por la imposibilidad, pida a Dios que haga este pasaje aplicable a su propia situación concreta.

11. De lo que ha aprendido de la mujer en Proverbios 31. ¿qué cualidades posee también usted?

¿Qué cualidades le gustaría desarrollar o mejorar?

Las mujeres en nuestra historia pasaron un rato difícil para definir la "femineidad" porque intentaban reconciliarla con la filosofía de la sociedad actual que dice que para que una mujer demuestre lo que vale, tiene que comportarse como lo hace un hombre; tiene que dejar a un lado su suavidad, su amabilidad y su naturaleza cooperadora para convertirse en un individuo competitivo e impulsado. Sin embargo, al haber cada vez más mujeres que entran en el mundo del trabajo, los negocios están comenzando a comprender que las mujeres poseen capacidades únicas y una intuición que complementa a los hombres. Eso no debería llegar como una sorpresa, ¡fue el plan de Dios desde el principio!

12. ¿Utilizó la mujer en Proverbios 31 características de hombre para lograr sus tareas? Explique su respuesta.

¿Cuál era la actitud de su esposo hacia el papel de ella en el mundo empresarial?

Antes de que Eva fuese creada, "no se encontró la ayuda adecuada para el hombre" (Génesis 2:20). Adán necesitaba ayuda, alguien que tuviera las cualidades que a él le faltaban, para complementarlo y ayudarlo a realizar la tarea. Eva fue esa pieza que faltaba. Juntos —como uno solo— Adán y Eva representaban la imagen de Dios (ver Génesis 1:27).

13. Lea Génesis 2:24. ¿Qué significa ser "una sola carne"? ¿Significa que los hombres y mujeres que están casados pierden su identidad como individuos?

14. ¿Cómo pueden un hombre y una mujer ayudarse mutuamente a hallar su identidad?

15. ¿Qué cualidades femeninas pueden ayudar a edificar las relaciones entre hombres y mujeres en lugar de derribarlas?

La Biblia está llena de ejemplos de mujeres que utilizaron sus características femeninas dadas por Dios para lograr sus objetivos. Algunas de ellas las usaron para bien, y otras para promover sus propios planes o para manipular a quienes las rodeaban. La Biblia también da pautas a las mujeres sobre cómo utilizar su feminidad para la gloria de Dios.

Lea cada pasaje de la Escritura siguiente. Escriba la cualidad femenina que se describe y cómo fue (o podría ser) usada. Luego escriba si es un buen o mal uso de la femineidad

Pasaje	Cualidad	¿Cómo se usó?	Buena o mala
Jueces 16:15-20			
1 Samuel 25:2-35			
2 Samuel 20:15-22			
Ester 5:1-8; 7:3-4			
Proverbios 6:24-26			
Proverbios 11:16			
Proverbios 12:4			
Proverbios 21:9-19			
Hechos 5:1-10			
Hechos 9:36			
Hechos 16:13-15			
1 Pedro 3:1-2			
1 Pedro 3:3-5			

16. ¿De qué modo ha rechazado usted las cualidades femeninas que posee?

Hasta este punto nos hemos enfocado en los atributos de la femineidad. Ahora hablemos del lado físico de ser femenina.

17. En Cantares 7:1-9, ¿qué dice el amante acerca de su novia?

18. Según Cantares 1:5-6, ¿qué dice la amada sobre ella misma?

El amante describe la belleza exterior de ella, pero en su interior se siente atraído hacia su belleza interior. Él ni siquiera menciona su piel oscura, aunque ella la perciba como una desventaja. Y lo mismo ocurre con nosotras; nos quedamos en nuestros fallos exteriores y queremos ocultarlos de cualquier forma posible. Necesitamos reconocer que nuestra femineidad —nuestra cualidad de mujeres— es un regalo de Dios para ser utilizado por Él y para Él.

19. Basándose en lo que ha aprendido en esta lección, ¿qué significa para usted ser femenina?

20. ¿Cuáles son algunas maneras en que puede ejercitar su femineidad para la gloria de Dios y para el bien de los demás?

¿Qué le diría Dios a usted sobre su femineidad? Lea lo siguiente, luego forme su propia columna a la derecha que describa quién es usted como mujer.

Sabiduría	_____
Vencedora	_____
Ministro	_____
Increíble	_____
Noble	_____

Nota

1. Este es un relato ficticio. Cualquier parecido con eventos o personas reales, vivas o muertas, es pura coincidencia.

Sexualidad

Aclamen alegres al Señor, habitantes de toda la tierra;
adoren al Señor con regocijo. Preséntense ante él con cánticos de júbilo.
Reconozcan que el Señor es Dios; él nos hizo, y somos suyos.
Somos su pueblo, ovejas de su prado.
SALMO 100:1-3

MUJER EN LA VIDA COTIDIANA

A los 32 años, Sara estaba viviendo la peor de sus pesadillas. Cuando su matrimonio de cuatro años fue interrumpido por el divorcio, su vida se rompió en diminutos pedazos. Enfrentarse a la soltería de repente fue mucho más difícil de lo que ella había pensado nunca que podría ser. No solo había perdido a su compañero, sino que también había perdido a su amante, al hombre que la abrazaba cada noche. Extrañaba la cercanía y la intimidad que habían compartido en aquellos primeros años. Los deseos sexuales y emocionales que ella había sentido antes del matrimonio eran ahora dos veces más fuertes. Ahora que sabía lo que era tener intimidad física, su privación le desgarraba el alma.

Sara comenzó a distanciarse a sí misma de sus amigas casadas; sencillamente era demasiado difícil escuchar lo maravillosos que eran sus esposos. Tener citas amorosas no le atraía; su corazón aún estaba herido, pero su anhelo de que alguien la abrazase crecía cada día más. Como cristiana, Sara sabía que estaba comprometida a un alto estándar de pureza sexual.

Necesitando una salida, Sara se unió al grupo de solteros de su iglesia. Al principio quedó decepcionada al ver que el grupo estaba formado solamente por mujeres, pero a medida que ellas hablaban de sus deseos y anhelos, Sara comprendió que ella no estaba sola. Aquellas mujeres habían experimentado sentimientos similares de culpabilidad y anhelo, y aquella camaradería hacía más soportable cada noche solitaria para Sara. La comprensión y la compasión de ellas la ayudaron a enfrentarse —y a vencer— a sus deseos. Aunque los deseos físicos seguían persiguiéndola, encontraba un gran consuelo en saber que ella no era la única que batallaba con la pérdida de intimidad.

Aunque nada podía satisfacer por completo sus deseos físicos, estos ya no consumían sus pensamientos y sus sentimientos. Comenzó a sentirse mejor consigo misma y confiaba en la fortaleza de Dios para ayudarla a atravesar cada momento difícil. Sara comenzó a pasar cada vez más tiempo leyendo su Biblia. Algunas veces cantos de alabanza surgían en su interior a medida que contemplaba la bondad, el poder y el amor de Dios. Un día reconoció que Él estaba comenzando a llenar los lugares vacíos de su corazón con su amor. El difícil viaje de redescubrir quién era ella como mujer no había finalizado, pero al menos había comenzado.[1]

Al igual que Sara, muchas mujeres sienten que han perdido su identidad sexual debido a la muerte o al divorcio. En tales situaciones, el camino hacia la sanidad es muchas veces largo y solitario. Sin embargo, todas las mujeres —ya sean solteras, casadas, divorciadas o viudas— son susceptibles de creer que la sexualidad incluye necesariamente una vida sexual satisfactoria que defina quiénes somos. Una de las necesidades más básicas de las mujeres es ser amadas y poder expresar ese amor a otra persona. El modo en que trate esta necesidad dada por Dios definirá su modo de contemplar su propia sexualidad.

1. ¿Cómo definiría "sexualidad"?

Las mujeres a menudo reciben mensajes mezclados referentes a su sexualidad de parte de sus familias, de la iglesia y de la cultura en la cual viven. Cuando la sociedad hace a un lado a Dios y a los principios morales, crece sin cesar la actitud de "hacer lo que uno sienta que está bien", y la satisfacción física se convierte en el objetivo final. La mujer cristiana se enfrenta entonces a un dilema: quiere poner a Dios en primer lugar en su vida, pero la tentación de conformarse a la norma del mundo es grande.

2. ¿Quién o qué en su vida ha causado el mayor impacto a la hora de definir su visión de la sexualidad?

Muchas mujeres cristianas encuentran dificultad aun para hablar del tema de la sexualidad. Abordar el tema con una mujer (o grupo de mujeres) que usted respete puede ayudar a que se sienta más cómoda. Descubrirá que muchas mujeres comparten sus mismas preguntas y luchas, y tampoco es nunca demasiado tarde para que usted reciba una sana educación sexual, para su propio beneficio y para beneficio de sus hijos, ya que le capacitará para comunicarles información correcta.[2]

3. ¿Por qué tienen dificultad las mujeres para ser abiertas y sinceras sobre el tema de la sexualidad? Explique su respuesta.

4. ¿Qué factores contribuyen al modo en que una chica piensa de sí misma sexualmente?

Existe una diferencia entre una actitud sexual saludable basada en el diseño original de Dios y una actitud sexual basada en los valores sociales y culturales. Comprender la primera es otro paso en su viaje para descubrir la autoestima, a medida que aprendemos a disfrutar de ser mujeres creadas a imagen de Dios.

SABIDURÍA ETERNA

Una mujer —hecha a la imagen de Dios— es tanto física como espiritual. Lo físico es realmente una manifestación de lo que está en el corazón y el alma de una mujer. El diseño de Dios para la sexualidad, entonces, debe incluir elementos tanto físicos como espirituales.

5. ¿Cuál es la actitud del salmista en el Salmo 100?

6. ¿Cuál debería ser su actitud respecto al diseño de Dios para usted?

Dios diseñó la intimidad física para ser algo más que un acto sexual. Para usted como mujer, implica una capacidad sana para amar profundamente a un hombre, para conocerlo íntimamente a medida que examina el corazón de él y entrega el suyo propio. En este proceso, usted se vuelve más semejante a Cristo.

Efesios 5:22-23 describe muchas maneras en que Cristo es nuestro ejemplo en las relaciones matrimoniales. Al leer el pasaje, complete el siguiente esquema:

Pasaje	Ejemplo de Cristo	Nuestra respuesta
Efesios 5:23-24		
Efesios 5:25		
Efesios 5:26		
Efesios 5:27		
Efesios 5:28		
Efesios 5:29-30		
Efesios 5:31-33		

En el versículo 32, Pablo explicó que él hablaba sobre Cristo y la Iglesia. Este pasaje se aplica a nosotras en dos niveles. En primer lugar, como miembros femeninos del Cuerpo de Cristo podemos relacionarnos con la idea de que la Iglesia es la Novia de Cristo, pero también podemos aplicar estos versículos literalmente a una relación de matrimonio.

El mayor acto de amor es poner la propia vida por otra persona (ver 1 Juan 3:16). El verdadero amor implica desear estar al lado de un hombre para ayudarlo a llegar a su máximo potencial en cada área de la vida. Eso es verdadera intimidad, basada en un concepto sólido y seguro de la sexualidad y que trasciende los mensajes que la sociedad, la cultura, la familia y nuestros iguales nos envían.

La sexualidad en el matrimonio

La sexualidad humana encuentra totalidad en la relación sexual íntima del matrimonio. Los aspectos tanto físicos como emocionales del sexo nos proporcionan un entendimiento de la unidad existente en la Trinidad: conexión completa y total abandono a otro en confianza. La unidad de la intimidad —el éxtasis de una relación sexual entre un hombre y una mujer— completa el diseño de Dios.

La relación matrimonial es consumada en el acto sexual. Es un regalo de Dios para disfrutarlo y atesorarlo. Proverbios 5:15-19 es un retrato de la fidelidad dentro del matrimonio.

7. Resuma Proverbios 5:15-19 con sus propias palabras.

En el Cantar de los Cantares 5:2-6 la novia estaba dormida cuando oyó a su amado llamar a la puerta. Antes de poder levantarse, él ya se había ido; ella tenía anhelo de él y salió a buscarlo en mitad de la noche.

8. Describa el amor de esta mujer por su esposo.

Los votos que un hombre y una mujer pronuncian en su ceremonia de matrimonio aluden al modo en que esposo y esposa crecen en una relación matrimonial. Palabras como "conocer", "amor", "honor", "respeto" y "confianza" deben convertirse en parte de su vocabulario y traducirse en actos.

9. ¿De qué modo el conocimiento, el amor, el honor, el respeto y la confianza enriquecen un matrimonio y lo convierten en una relación fuerte y sana?

Un matrimonio fuerte y sano necesita tiempo para desarrollarse. La intimidad dentro del matrimonio implica sacrificio, pero cuando dos personas están comprometidas la una con la otra, las recompensas sobrepasan con mucho a las complejidades.

La sexualidad en la soltería

Si es usted soltera, una sexualidad sana comienza con comprender que es usted tan valiosa como una mujer casada. Usted tiene también emociones, anhelos y deseos físicos que quiere satisfacer, al igual que una mujer casada. Un punto de vista sano de la sexualidad le permite apreciar su femineidad, sabiendo que su valor radica en quién es usted como individuo, y no en si está usted soltera o casada.

Utilicemos a Sara, nuestra mujer en la vida cotidiana, como ejemplo.

10. Describa brevemente las emociones de Sara, la raíz de su sentimiento de rechazo y sus necesidades.

11. ¿Cómo fortaleció esa prueba su caminar con Dios?

12. ¿Cómo puede Dios llenar los espacios vacíos que deja la pérdida de un cónyuge, ya sea por muerte o divorcio?

La paz y la satisfacción interiores no llegarán simplemente venciendo sus necesidades emocionales y físicas; llegarán solamente permitiendo a Dios que llene los espacios vacíos. El toque físico es poderoso y una necesidad muy real, pero sentir el abrazo de Dios es aún más poderoso, tal como Sara descubrió.

UNA ESPERANZA INQUEBRANTABLE

¿Por qué buscamos amor en los lugares equivocados, cuando la verdadera satisfacción —siguiendo el diseño de Dios— está justo delante de nuestros ojos? El sexo es el acto físico más íntimo que dos personas pueden experimentar. Está diseñado para acercar a un hombre y a una mujer en todos los niveles: físico, emocional, mental e incluso espiritual. Cada vez que se entregue sexualmente a usted misma fuera del matrimonio, intercambia un pedazo de usted misma por satisfacción momentánea. Veamos las tres distorsiones del diseño perfecto de Dios.

Actividad sexual fuera de los vínculos del matrimonio

Cualquier actividad sexual fuera de la unión que Dios creó entre un hombre y una mujer es no solamente un pecado, sino también dañino emocionalmente, espiritualmente e incluso físicamente. Aunque las aventuras extramatrimoniales, la prostitución y el sexo prematrimonial son comunes en todo el mundo, estos actos no llenan la necesidad más profunda de intimidad pura. Como gratificación momentánea, esos actos quebrantan los vínculos de la confianza o inhiben el desarrollo de la confianza, y distorsionan el regalo del sentimiento libre de culpa que Dios desea para el esposo y la esposa. La buena noticia es que —al igual que con todas las distorsiones del diseño de Dios— la esperanza, la sanidad y la libertad del pecado y la vergüenza están disponibles por medio de Jesucristo. Hablaremos de ese proceso en la sección "Vida diaria".

Adicción sexual

No deje que el término "adicción sexual" la engañe, pues prevalece más entre las mujeres de lo que usted pudiera pensar. Leer novelas románticas, visitar salas de chat, darse a la masturbación e incluso ver pornografía en Internet son actividades en las que las mujeres se están implicando mucho más en la actualidad que antes, y cada una de ellas puede conducir a la adicción sexual.

De las tres distorsiones del diseño de Dios la adicción sexual es la más fácil de ocultar de los demás; por esa razón, los grupos de apoyo y/o de responsabilidad son necesarios para las mujeres que batallan con la adicción sexual.

Homosexualidad

La Biblia es clara respecto a que la homosexualidad es una distorsión del diseño de Dios para la intimidad y la amistad; sin embargo, la homosexualidad no es peor que ningún otro pecado. La homosexualidad puede ser el resultado de las heridas de la niñez (como abuso verbal, físico, espiritual o sexual, el rechazo, etc.) y, por lo tanto, puede sanarse mediante el poder del Espíritu Santo y la ayuda de un consejero cristiano de buena reputación.

13. ¿Qué advertencias contra la inmoralidad sexual se encuentran en 1 Corintios 6:18-20?

Si consciente o inconscientemente decidimos poner nuestro enfoque y dependencia en las relaciones físicas en lugar de hacerlo en Dios, buscaremos en vano para encontrar satisfacción.

14. ¿Qué esperanza ofrece 1 Corintios 10:13 a la persona que está batallando con el pecado sexual?

Debido a que usted es hija de Dios, Dios nunca le dará la espalda a pesar de lo lejos que usted se haya desviado del diseño de Él para su vida.

15. Lea Juan 8:1-11. ¿De qué delito fue acusada la mujer en este pasaje?

¿Cuál fue la respuesta de Jesús a las acusaciones de los fariseos?

¿Puede usted identificarse con el modo en que aquella mujer debió de haberse sentido? ¿Por qué o por qué no?

16. Lea Romanos 12:1-2. ¿Qué pasos podrían ayudar a alguien que esté atrapada en el pecado sexual para regresar al camino?

Tratar con quienes están batallando con el pecado sexual es un delicado equilibrio entre gracia y duro amor. Por un lado, 1 Corintios 5:11 dice: "no deben relacionarse con nadie que, llamándose hermano, sea inmoral... Con tal persona ni siquiera deben juntarse para comer". Sin embargo, toda la Biblia está llena de palabras de perdón, aceptación y amor.

17. Describa el equilibrio entre no tolerar el pecado y amar a las personas en el estado en que están, y no esperar a que primero cambien.

Dios nos llama a llevar esperanza y sanidad. Medite en Isaías 61:1-3, pensando en formas en que puede "proclamar libertad" a aquellos cautivos en el pecado sexual.

Jesús vino a redimir lo que se perdió en el huerto del Edén. Él vino a sanar y a restaurarnos a cada una de nosotras en cada área de nuestra vida, incluyendo la disfunción sexual. Las cicatrices de la vergüenza, la culpa y el dolor del abuso sexual o de los errores sexuales del pasado pueden parecer permanentes, pero *Jehová-rafa* —el Señor que sana— puede volver a restaurarla por completo. Él desea restaurar lo que está quebrantado. ¿Le permitirá que lo haga? ¿Se comprometerá a hacer la parte que le corresponda? Si es así, los siguientes pasos son un excelente punto para comenzar.

Pasos para la sanidad y la restauración

- Abra su corazón y entregue de nuevo su vida a Cristo. Cubra cada paso del proceso de sanidad de oración sincera y vulnerable. Recuerde: ¡usted no puede sorprender a Dios!
- Pida a Dios que le capacite para dejar atrás las heridas del pasado y quitar el dominio que tienen en su alma. Permita que Él la libere de lo que no estaba bajo control de usted.
- Reconozca cualquier pecado sexual que haya cometido y humildemente pida a Dios que le perdone.
- Rodéese de hermanas en Cristo que puedan pedirle responsabilidad y que puedan apoyarla a lo largo del proceso de sanidad.
- Busque un consejero cristiano de buena reputación que pueda guiarla a lo largo del proceso algunas veces abrumador y doloroso de la verdadera sanidad.

Estos pasos para la sanidad y la restauración no están limitados a los asuntos sexuales. También le ayudarán a guiarla a lo largo del proceso de recuperación de cualquier pecado habitual o de una herida profundamente arraigada.

18. ¿Qué está evitando su completa sanidad?

¿Qué pasos prácticos puede usted dar esta semana para comenzar el proceso?

Nota: Si usted o su cónyuge están experimentando problemas con asuntos de sexualidad o adicción sexual, le aconsejamos que busque la ayuda profesional de un consejero cristiano de buena reputación. Su pastor podrá guiarles para encontrar a la persona adecuada, o pueden llamar al departamento de consejería familiar de Enfoque a la Familia (1-800-A-Family o 1-719-531-3400) para una consulta gratuita a un consejero licenciado[3] y pedir referencias de la red nacional de servicio de consejería de más de dos mil consejeros licenciados en todos los Estados Unidos.

Notas
1. Este es un relato ficticio. Cualquier parecido con eventos o personas reales, vivas o muertas, es pura coincidencia.
2. Para obtener información adicional acerca de asuntos de sexualidad, visite www.family.org y www.pureintimacy.org.
3. Los consejeros de Enfoque a la Familia están licenciados en el estado de Colorado.

Amistad

Y éste es mi mandamiento: que se amen los unos a los otros, como yo los he amado.
Nadie tiene amor más grande que el dar la vida por sus amigos.
JUAN 15:12-13

MUJER EN LA VIDA COTIDIANA

Raquel estaba en lo mejor de la vida cuando se enteró de que tenía cáncer de mama. Con solo 25 años de edad, ella sentía que la enfermedad era indescriptiblemente injusta, y a menudo se preguntaba: *¿Qué habré podido hacer para merecer esto? ¿Por qué Dios me ha entregado una sentencia de muerte antes siquiera de haber comenzado a vivir la vida?* Los médicos le dijeron que tenía suerte de que hubieran descubierto el cáncer en una etapa tan temprana. Una mastectomía le salvaría la vida, pero cambiaría su cuerpo para siempre.

Elena era una mujer más mayor en la iglesia de Raquel. Cuando se enteró de la enfermedad de Raquel, buscó a aquella mujer más joven. Elena, que tenía 59 años, también había pasado por una mastectomía hacía 20 años. En un principio, Raquel ignoró las llamadas de teléfono de Elena, pues pensaba que nadie más podría entender su dolor a pesar de lo similar que pudiera ser su experiencia.

El día antes de la operación, Raquel se quedó en casa, llorando angustiada. El teléfono sonó repetidamente, pero ella nunca contestó. Elena se presentó en casa de Raquel aquel día. Raquel no quería abrir la puerta, pero eso no detuvo a Elena; se quedó a la puerta de Raquel, orando para que Dios cambiase el corazón de la joven. A las nueve en punto de aquella noche, Raquel finalmente abrió la puerta. Elena no dijo nada a la vez que abrazaba a Raquel y le ofrecía el consuelo que Raquel deseaba que su propia madre pudiera haberle dado si estuviera viva. Pasaron horas hablando de los temores y preocupaciones de Raquel. Elena habló de su propio dolor, describió el horror que había sentido y compartió que su temor más grande había sido que su esposo ya no la viera como una mujer completa.

A la mañana siguiente, Elena llegó temprano para llevar a Raquel al hospital y se pasó todo el día en la sala de espera de cirugía. La suya fue la primera cara que Raquel vio cuando despertó. Aunque fue difícil reajustarse a su nuevo cuerpo, Raquel obtuvo un gran consuelo en saber que no estaba sola.[1]

❧

Relaciones: las mujeres están diseñadas para ellas. Una mujer sin un fuerte apoyo femenino lucha más con los sentimientos de soledad e incapacidad que otra que tenga amigas con quienes relacionarse. Aun la mujer más fuerte e independiente necesita amigas; puede que no sienta que tiene tiempo para ellas, pero las necesita para poder comprenderse mejor a sí misma como mujer y simplemente por compañerismo.

Como descubrió Raquel, las relaciones son vitales. Nos ayudan a crecer y nos proporcionan un lugar seguro donde podemos sentirnos cómodas y aceptadas. Las amistades íntimas con otras mujeres proporcionan responsabilidad y enriquecen cada área de nuestras vidas. Debido a nuestras amistades, podemos caminar por la vida, seguras de que hay alguien cerca de nosotras.

1. Raquel, al igual que muchas mujeres, pasó un tiempo difícil para pedir y aceptar ayuda. ¿Por qué es difícil pedir ayuda a otras mujeres?

Si tiene usted una necesidad, ¿a quién llama?

Las mujeres en general son más enriquecedoras, sensibles e intuitivas que los hombres, y también son en general más relacionales. Las mujeres tienen una necesidad innata de amistades. Reflexione en las etapas de la vida de las que hablamos en la sesión cuatro. Dentro de los tres primeros años de la vida de una niña, ella comienza a comprender su naturaleza como mujer y comienza a formar amistades. Las relaciones —especialmente las femeninas— juegan un gran papel en cada una de las etapas de la vida posteriores.

2. ¿Quiénes eran sus mejores amigas en la escuela? ¿Cómo eran?

¿Siguió estando cerca de esas amigas en la secundaria, o desarrolló nuevas amistades?

3. Después de la secundaria, ¿permanecieron sus amigas adolescentes o se separaron? ¿Cuál fue un motivo en particular?

4. Si se cambiaba de domicilio frecuentemente durante la niñez, puede que haya sido difícil para usted enriquecer las amistades. Si ese fue el caso, describa sus años de niñez y cómo trató las relaciones que tenía.

5. Como adulta, ¿qué valora más en una amiga?

Veamos dos ejemplos bíblicos de fuertes amistades.

Los siguientes ejemplos bíblicos representan la íntima amistad que nace de una fuerte comprensión de Dios y del yo, y de la seguridad en la relación.

David y Jonatán

En 1 Samuel 18-20, aprendemos acerca de la amistad entre David y Jonatán. Su relación comenzó cuando el rey Saúl (el papá de Jonatán) dio la bienvenida a David en su casa debido a su valentía al luchar contra Goliat. Pero cuando Saúl apartó su corazón de Dios, se volvió depravado. A medida que llegaban noticias de las victorias de David en las batallas, el pueblo comenzó a elogiar a David y lo comparaba con el rey. Eso dio pie a los celos en el corazón de Saúl, e hizo voto de matar a David, aunque al principio lo había querido como a un hijo. A pesar de la ira de su padre, Jonatán quería a David como a un hermano e hizo votos de ayudarlo a toda costa. Como resultado, Saúl acusó a Jonatán de ser una deshonra para su madre porque había escogido ser amigo del enemigo de Saúl en lugar de obedecer a su padre.

6. ¿Qué caracterizaba la amistad de David y Jonatán, según los siguientes versículos?

1 Samuel 18:1-4

1 Samuel 20:12-17, 41-42

2 Samuel 1:25-26

7. Al describir su amistad con Jonatán, David dijo que el amor de Jonatán era "más precioso que el amor de las mujeres" (2 Samuel 1:26). ¿Qué cree usted que quiso decir David con esa frase?

8. Según 1 Juan 3:16, ¿cómo se compara la amistad de David y Jonatán con el amor que Jesucristo demostró por nosotros?

9. Aunque David y Jonatán eran hombres, su relación puede enseñarnos mucho sobre los atributos de una sólida amistad. Enumere las cualidades de una amistad fuerte y duradera.

Veamos ahora un ejemplo bíblico de una amistad entre dos mujeres.

Rut y Noemí

El libro de Rut tiene solamente cuatro capítulos, y se recomienda que lea el libro en su totalidad para comprender plenamente la notable amistad entre esta madre y su nuera.

Después de la muerte de su esposo y de sus hijos en la tierra de Moab, Noemí decidió regresar a su hogar en Judá.

10. En Rut 1:8-13, ¿qué les instó Noemí a sus nueras a que hicieran?

11. ¿Qué nos dicen los versículos 9, 10 y 14 sobre la relación entre Noemí y sus nueras?

12. ¿Qué características de una amistad cercana se encuentran en Rut 1:16-17?

13. Si ha leído los cuatro capítulos, resuma las actitudes de Rut y Noemí la una hacia la otra y la relación que desarrollaron entre ellas.

Es posible que David y Jonatán tuvieran aproximadamente la misma edad, mientras que Rut y Noemí se llevaban muchos años de diferencia. Es bueno tener amigas que tengan nuestra propia edad, pero también es bueno desarrollar amistades con mujeres de otras edades. Tito 2:4-5 enseña que las mujeres mayores deben enseñar a las jóvenes mediante su ejemplo. Igualmente, las mujeres más jóvenes pueden ofrecer una alegría joven que muchas veces perdemos a medida que envejecemos.

UNA ESPERANZA INQUEBRANTABLE

Las fuertes amistades requieren trabajo. ¡Solamente crecerán hierbajos si no cuidamos el jardín! Una hermosa amistad debe plantarse, regarse, nutrirse, limpiarse y enriquecerse. Veamos las características que hacen crecer una amistad.

14. Empareje cada característica de una fuerte amistad con el pasaje bíblico correspondiente.

_____ Se alegra y se entristece con usted	a. Rut 1:8
_____ Ama en todo tiempo	b. Rut 1:16-17
_____ Alienta al otro	c. Proverbios 16:28
_____ Se preocupa más por el amigo que por sí misma	d. Proverbios 17:17
_____ Fomenta el crecimiento espiritual	e. Proverbios 27:6
_____ Es leal	f. Eclesiastés 4:9-12
_____ Lleva las cargas del otro	g. Romanos 12:15
_____ Mantiene la confianza y no murmura	h. Gálatas 6:2
_____ Da corrección en amor	i. Filipenses 1:8-11
_____ Minimiza las ofensas	j. 1 Tesalonicenses 5:11
_____ Fortalece y ayuda al otro	k. 1 Pedro 4:8

Todas las anteriores características de la amistad se engloban en Juan 15:12-13: "Y éste es mi mandamiento: que se amen los unos a los otros, como yo los he amado. Nadie tiene amor más grande que el dar la vida por sus amigos".

15. ¿A quién en su vida ha sentido que Dios le empujaba a que conociera mejor? Pídale a Él que le muestre cuál debiera ser el primer paso y que le dé la valentía para darlo.

Las amigas enriquecen nuestra vida. Nos ayudan a comprendernos mejor a nosotras mismas, tanto lo que somos como lo que no somos. Al igual que el hierro afila al hierro, así nuestras amigas nos ayudan a crecer, a madurar y a llegar a ser más equilibradas, dándonos un mayor sentido de autoestima (ver Proverbios 27:17).

VIDA DIARIA

A veces, las amistades vienen a nuestra vida en forma de una relación mentora o de apoyo. Esas amistades no consumen nuestro tiempo, sino que permiten a la mujer crecer a la vez que ella recoge sabiduría de alguien que ya ha estado ahí donde está ella ahora. Mientras el aprendiz crece y madura, eventualmente termina alineándose a la persona que la guía, compartiendo una amistad en un mismo nivel. Las relaciones mentoras llegan en distintas maneras.

16. Marque las casillas de las áreas en las cuales le gustaría tener una tutora. Subraye las áreas en las cuales crea que Dios podría usarla para ser tutora de otras.

- ❑ Es usted una nueva cristiana que quiere crecer en el Señor.
- ❑ Conoce al Señor desde hace muchos años.
- ❑ Usted acaba de comenzar a trabajar fuera del hogar.
- ❑ Usted es una mujer de carrera que ha estado en el mundo laboral por algún tiempo.
- ❑ Es usted una recién casada.
- ❑ Es usted una mamá que ha perdido a su hijo.
- ❑ Es usted una mujer divorciada que está sola y asustada.
- ❑ Acaba usted de quedarse viuda.
- ❑ Es usted una mamá de niños pequeños.
- ❑ Otra _____

Obviamente, esta no es una lista exhaustiva, pero debería ayudarla a pensar en las muchas formas en que puede usted enriquecer —y ser enriquecida— mediante las amistades.

17. ¿De qué maneras fue la relación de Rut y Noemí una relación de tutoría?

Muchas veces un mentor recibe tantos beneficios como los que recibe la persona que recibe la tutoría. ¿De qué maneras bendijo Rut la vida de Noemí?

Muchas personas pasarán por su vida como conocidas y nada más. Conocerá a otras personas a las cuales llegará a conocer un poco más pero con las que apenas podrá desahogar su alma. Todas necesitamos una amiga con la cual podamos ser transparentes y viceversa. Si tiene usted una o más de esas amigas, sea agradecida; alimente y fortalezca esas relaciones. Si no las tiene, pida a Dios que le dé una. Dios es fiel; Él proveerá su necesidad de una verdadera amiga.

Nota

1. Este es un relato ficticio. Cualquier parecido con eventos o personas reales, vivas o muertas, es pura coincidencia.

Cómo convertirse en la

mujer

que Dios creó

El Señor cumplirá en mí su propósito.
Tu gran amor, Señor, perdura para siempre.
SALMO 138:8

MUJER EN LA VIDA COTIDIANA

María tenía 22 años cuando comenzó a enseñar en la escuela dominical. Aunque tenía dificultades para relacionarse con los niños pequeños, también tenía un corazón para ayudar. Sin embargo, a medida que el tiempo pasaba, ella cada vez se sentía más insatisfecha con sus lecciones semanales y más impaciente con los niños. No era que a ella no le importasen los niños; simplemente sentía que le faltaba algo. Decidió hacer un cambio y ayudar en la guardería; adoraba a los bebés, pero no pasó mucho tiempo hasta que volviera a experimentar ese mismo sentimiento de que ayudar en la guardería no era realmente lo que ella debería hacer.

Un domingo después del servicio, María se encontró con una adolescente llamada Cara que estaba llorando incontroladamente en los baños de mujeres. Al consolar a Cara, María se enteró de que estaba embarazada. Temerosa de decírselo a sus padres, a sus amigas y a su novio, la muchacha estaba pensando en el suicidio para no tener que decepcionar a ninguna de las personas a quienes quería. María escuchó con atención a Cara, le ofreció consejo y expresó su preocupación, teniendo cuidado de no dar una impresión de crítica. Al comprender que alguien se preocupaba por ella a pesar de cuáles fueran sus pecados, Cara decidió confesar su situación a sus padres.

María vio la luz; al día siguiente acudió al centro local para embarazos de crisis a ofrecerse voluntaria. Después de una sola semana de servicio, María supo sin ninguna duda que finalmente había encontrado el lugar donde Dios quería que ella sirviera.

María tenía el deseo de crecer en su caminar con Cristo y de enseñar a otros a hacer lo mismo, así que unas semanas después decidió llamar a Cara. Cara se emocionó mucho al oír su voz, pues había estado orando para que Dios le enviara a una mujer piadosa que pudiera ayudarla a crecer en su fe.

A medida que pasaron las semanas y los meses, el sentimiento de autoestima de María aumentaba a la vez que ella ejercitaba los dones y pasiones que Dios le había dado. Ella finalmente comprendió lo satisfactorio que puede ser servir a Dios y a los demás.[1]

Cada una de nosotras nos definimos por el profundo valor de nuestras vidas. Para alguien que no cree en Dios, su universo gira en torno a sí misma. Quienes no conocen a Dios acuden a maestros, filósofos, científicos, bares, películas, libros, programas de televisión o cualquier otra cosa que suene bien para definir quiénes son y cómo responderán a la vida. Para ellas, la religión puede parecer una muleta, y la mayoría no quiere tener parte en absoluto. Para quienes somos cristianas, como María, Dios está en el centro —en el núcleo— de quienes somos y de lo que somos. Él no es meramente nuestra muleta; Él es el aire que respiramos. Él nos creó para tener una relación con Él y para su deleite.

1. ¿Qué nos dicen los siguientes pasajes sobre el diseño de Dios?

Génesis 1:31

Salmo 139:13-14

Romanos 1:20

2. ¿Cómo ha experimentado usted el plan de Dios en su propia vida?

Dios planeó nuestras vidas antes de que naciéramos. Él desea que le conozcamos para que podamos conocernos a nosotras mismas. A medida que edifiquemos una relación con Él, Él nos ayudará a disfrutar de los maravillosos momentos de la vida y caminará con nosotras en los momentos difíciles.

SABIDURÍA ETERNA

Por debajo de todas las capas de expectativas impuestas por los demás y por nuestro yo, el núcleo de su autoestima yace en su relación con Dios. Ese ha sido el diseño de Él desde el principio.

3. Según Juan 3:16-18, ¿cuánto le ama Dios a usted?

¿Qué se necesita para poder tener una relación con Él? ¿Tiene usted una relación creciente con Él?

Jesucristo pagó el precio para que nosotras podamos tener acceso libre y abierto a Dios. Sin una relación personal con Jesucristo, no podemos tener intimidad con Dios. Podemos conocer de Dios, podemos incluso creer que Dios existe, pero sin Jesús seguimos estando cautivas bajo la Ley. Si usted no está segura de su relación con Jesús, hable con la líder de su grupo, con una amiga cristiana o con su pastor.

4. Según Gálatas 4:3-7, ¿cuáles son nuestros derechos como hijas de Dios y cómo obtenemos esos derechos?

Es la morada de la presencia de Dios por medio de Jesucristo y por medio del poder de su Espíritu Santo lo que llena todo nuestro ser y nos restaura a una relación abundante con el Dios de toda la creación. Para crecer como mujer de Dios, usted debe alinear todo su ser —cuerpo, mente, alma y espíritu— con la voluntad y el propósito de Dios. A medida que se rinda al señorío de Jesucristo, su lema será: "No se haga mi voluntad sino la tuya, Señor".

5. ¿Qué significa rendir su voluntad al señorío de Cristo?

Debemos rendir todo nuestro ser a su señorío. ¿Qué cosas está reteniendo de Él?

Cuanto más crezca en su relación con Dios, más fácil le será verse a usted misma del modo en que Él la diseñó originalmente: una obra de arte expuesta para gloria de Él.

6. ¿Qué le dice el Salmo 138:8 sobre la obra de Dios en su vida?

Una mujer de Dios madura es capaz de dejar a un lado su yo para ver las vidas y las circunstancias de otras personas desde la perspectiva de Él, sirviendo

a los demás teniendo en mente el bienestar de ellos. Como vimos anteriormente en el estudio, el crecimiento debe incluir todo nuestro ser; incluye
amar a Dios con todo nuestro corazón, mente, alma y espíritu (ver
Deuteronomio 6:5).

7. Enumere las características del crecimiento espiritual tal como se descri-
    ben en Colosenses 1:9-12.

8. Según Romanos 12:1, ¿cuál es el mayor acto de servicio y de adoración
    que puede usted realizar?

9. ¿Qué exhortación general sobre nuestros dones se encuentra en Romanos
    12:4-8?

¿Conoce usted su(s) don(es) espiritual(es)? ¿Cómo los está usando?

¿De verdad quiere crecer en Cristo? Ejercite los dones y capacidades que Él
le ha dado para servir a los demás. Solamente al hacer lo que Él ha planeado
es cuando hallará verdadera satisfacción.

UNA ESPERANZA INQUEBRANTABLE

Dios nos ha dado a cada una de nosotras capacidades hechas a nuestra medida. Él se agrada cuando las descubrimos y las usamos para darle honor a Él.
María, nuestra mujer en la vida cotidiana de esta sesión, aprendió esta valiosa lección a medida que intentaba encontrar el mejor lugar para servir.

10. Un ejemplo de una mujer madura y piadosa que comprendió cuáles eran sus dones se encuentra en Jueces 4:4-16. ¿Quién era ella, y cuál era su llamado?

¿Qué logró ella debido a su obediencia?

11. Piense en una mujer que sepa que está usando sus dones para servir a los demás. Descríbala.

La Palabra de Dios nos alimenta, la oración nos sostiene, la adoración nos acerca, y la comunión nos enriquece. Cada elemento es vital para nuestro crecimiento. "El que comenzó tan buena obra en ustedes la irá perfeccionando hasta el día de Cristo Jesús" (Filipenses 1:6).

VIDA DIARIA

En oración, pídale al Señor que examine su caminar con Él y le muestre dónde está creciendo y dónde necesita mejorar.

12. ¿De qué maneras está progresando para ser más semejante a Cristo?

13. Sin ser demasiado crítica, ¿en qué áreas es débil su caminar con Cristo?

¿Qué pasopasó dará usted hoy para fortalecer al menos un área de debilidad?

14. ¿Cómo le alientan los siguientes versículos y le ofrecen esperanza?

Efesios 1:17-19

Efesios 3:14-21

Filipenses 3:12-14

Al acercarnos al final de este estudio, tome unos momentos para reflexionar en lo lejos que ha llegado y en lo que ha aprendido. Escriba una carta a Dios, expresando lo que haya aprendido y cómo ha visto cuál es el valor de usted para Él. Incluya áreas de su vida que aún son obras en progreso.

Recuerde las palabras de Pablo: ¡aún no hemos llegado, pero proseguimos hacia la meta (ver Filipenses 3:12-14)! Utilice una hoja de papel o su diario si necesita más espacio.

Querido Dios:

Nota

1. Este es un relato ficticio. Cualquier parecido con eventos o personas reales, vivas o muertas, es pura coincidencia.

MUJERES DE
valor

Pautas generales

1. Su papel como facilitadota es lograr que las mujeres hablen y dialoguen sobre áreas en sus vidas que estén siendo obstáculos en su crecimiento espiritual y su identidad personal.

2. Esté atenta al tiempo. Hay cuatro secciones en cada estudio. No pase demasiado tiempo en una sección a menos que sea obvio que Dios está obrando en las vidas de las personas en un momento en particular.

3. Haga hincapié en que la reunión del grupo es un tiempo de animarse y compartir unas con otras. Realce la importancia de la confidencialidad: lo que se comparte quedará dentro del grupo.

4. El tiempo de compañerismo es muy importante a la hora de construir relaciones en un grupo. Proporcione refrescos y ligeros aperitivos o bien antes o después de cada sesión, pues eso fomentará un tiempo informal de compañerismo.

5. Anime a las mujeres a que escriban un diario, pues eso las ayuda a aplicar lo que estén aprendiendo y las mantiene enfocadas durante su tiempo de devocional personal.

6. La mayoría de las mujeres llevan vidas muy ocupadas; respete a los miembros del grupo comenzando y terminando las reuniones con puntualidad.

7. Siempre comience y termine las reuniones con oración. Si su grupo es pequeño, haga que todo el grupo ore a la misma vez. Si es mayor de 10 miembros, forme grupos de 2 a 4 mujeres para compartir y orar unas por otras.

Una sugerencia es asignar compañeras de oración cada semana. Anime a cada miembro del grupo a completar una hoja de peticiones de oración a medida que vayan llegando. Los miembros pueden seleccionar una petición de oración antes de irse de la reunión y orar por esa persona durante la semana. O dos mujeres pueden intercambiar peticiones de oración y después orar la una por la otra al final de la reunión y durante la semana. Anímelas a llamar a su compañera de oración al menos una vez durante la semana.

8. Otra actividad muy valiosa es animar a las mujeres a que memoricen el versículo clave cada semana.

9. Esté preparada. Ore por sus preparativos y por los miembros del grupo durante la semana. No permita que una sola persona domine el diálogo. Pida a Dios que le ayude a hacer hablar a las que están calladas sin ponerlas en evidencia.

10. Solicite la ayuda de otros miembros del grupo para proporcionar refrescos, para saludar a las mujeres, para dirigir un grupo de discusión, para llamar a las no asistentes para animarlas, etc. Cualquier cosa que pueda hacer para implicar a las mujeres ayudará a que vuelvan cada semana.

11. Pase tiempo cada reunión adorando a Dios. Eso puede hacerse o bien al comienzo o al final de la reunión.

Cómo utilizar el material

Sugerencias para el estudio en grupo

Hay muchas maneras en que puede utilizarse este estudio en una situación de grupo. La forma más común es el formato de estudio bíblico en grupos pequeños; sin embargo, también puede utilizarse en una clase de escuela dominical para mujeres. Sea cual sea la forma en que escoja utilizarlo, estas son algunas pautas generales a seguir para el estudio en grupo:

· Mantener el grupo pequeño, con 8 hasta 12 participantes, probablemente sea el máximo para un ministerio eficaz, para edificar relaciones y para el diálogo. Si tiene usted un grupo más grande, forme grupos pequeños para el tiempo de diálogo, seleccionando una facilitadota para cada grupo.

· Pida a las mujeres que se comprometan a una asistencia regular durante las ocho semanas del estudio. La asistencia regular es una clave para edificar relaciones y confianza en un grupo.

· Cualquier cosa que se discuta en las reuniones del grupo debe mantenerse en la más estricta confidencialidad solamente entre los miembros del grupo.

Sugerencias para relaciones de consejería

Este estudio también se presta al uso en relaciones en las cuales una mujer es tutora de otra mujer. La Escritura amonesta a las mujeres en particular a enseñar a otras mujeres (ver Tito 2:3-5).

- Una relación de tutoría podría organizarse mediante un sistema establecido por una iglesia o ministerio de mujeres.
- Una manera menos formal de comenzar una relación de tutoría es que una mujer más joven o una nueva creyente tome la iniciativa y se acerque a una mujer más mayor o más madura espiritualmente que sea ejemplo de la vida de semejanza a Cristo y le pida que se reúna con ella regularmente. O al contrario, podría ser una mujer más madura quien se acerque a otra mujer más joven o una nueva creyente para comenzar una relación de tutoría.
- Cuando a alguien se le pide que sea tutora, esta podría echarse atrás pensando que nunca podría hacerlo porque su propio caminar con el Señor es menos que perfecto. Pero al igual que se nos manda discipular a los nuevos creyentes, debemos aprender a discipular a otros para fortalecer su caminar. El Señor ha prometido "estar con nosotros siempre" (Mateo 28:20).
- Cuando acuerde ser tutora de otra mujer, esté preparada para aprender tanto o más que la mujer de la que será tutora. Ambas serán bendecidas por la relación de tutoría edificada en la relación que ustedes tienen en el Señor.

Se proporcionan ayudas adicionales para las relaciones de tutoría o para dirigir grupos pequeños en la *Guía para el ministerio de mujeres de Enfoque a la Familia*.

SESIÓN UNO:
DEFINICIÓN DE VALOR

Antes de la reunión

Los siguientes preparativos deberían realizarse antes de cada reunión:
1. Reunir materiales para realizar tarjetas identificativas (si las mujeres no se conocen ya o si usted no conoce los nombres de todas). También tenga plumas o lapiceros extra y Biblias para prestar a cualquiera que pueda necesitarlos.

2. Hacer fotocopias de la hoja de peticiones de oración (disponible en la *Guía para el ministerio de mujeres de Enfoque a la Familia*), o proporcionar tarjetas para anotar las peticiones.
3. Leer sus propias respuestas, y marcar las preguntas que usted quiera en especial que el grupo discuta.

Como preparativos concretos para *esta* reunión:
4. Reunir fotografías de diferentes mujeres de revistas. Elegir fotografías que muestren distintos aspectos y etapas de las mujeres: en el juego, en el trabajo, gordas, delgadas, jóvenes, viejas, tristes, felices, confiadas, inseguras, etc. Tener también pegamento o cinta adhesiva transparente, un rollo de papel de seda o de charol (o varias hojas de papel para pizarra) y cinta adhesiva doble. Ponga el papel en la pared utilizando la cinta doble. Sitúe las fotos sobre una mesa cerca de la entrada de la habitación.

Actividades para romper el hielo

1. A medida que cada mujer llegue, asegúrese de que escriba una tarjeta identificativa y recoja una hoja de petición de oración. Invite a las mujeres a mirar las fotografías que usted ha reunido y a elegir varias.
2. Haga que cada mujer se presente describiéndose con 10 palabras o menos, o que cada mujer comparta sus respuestas a la pregunta 1.
3. **Opción 1**: Haga que las mujeres realicen un collage con las fotografías que hayan elegido. Invítelas a compartir cómo cada foto representa la perspectiva que el mundo tiene de las mujeres. La meta es ver varias maneras en las que los medios de comunicación identifican los corazones de las mujeres mirando las expresiones de sus rostros. Hagan que compartan ideas sobre cómo los medios de comunicación intentan definir nuestro valor como mujeres.
4. **Opción 2**: Si no hay tiempo para reunir fotografías, invite a los miembros a describir imágenes de mujeres que estén representadas en los medios de comunicación. ¿Qué dicen los medios de comunicación sobre las mujeres?

Discusión

1. *Mujer en la vida cotidiana* – Discutan las preguntas 2 a 4. Comparta una parte o la totalidad de la siguiente información: **La autoestima es nuestra base para ser. Es nuestra identidad, nuestra realidad, la sustancia de quiénes somos. Otro término es "autoidentidad". Para un no creyente el centro de la identidad es el yo; para un cristiano el centro de**

la identidad es Cristo. Como cristianas, comprendemos que Dios nos creó como individuos únicos con unas características químicas que son únicamente nuestras. No hay ninguna otra persona que sea como nosotras. La autoestima nos define como persona; incluye nuestra personalidad, nuestro género y nuestras distinciones físicas. Desde el momento en que somos concebidas nuestra autoestima comienza a tomar forma. Cuando somos niñas se ve moldeada por nuestros padres, nuestra familia y nuestros amigos. A medida que crecemos, otras influencias —como los maestros, los medios de comunicación y nuestra cultura— comienzan a alterar la persona que Dios creó. Comprender nuestro valor es un viaje hacia el reclamo de aspectos del valor que se han perdido o se han ocultado. Comprender nuestra autoestima nos ayuda a comprender nuestro significado como hijas de Dios; nos capacita para convertirnos en personas más productivas a medida que crecemos en la gracia de Dios y en los dones del Espíritu.

2. *Sabiduría eterna* – Reciten juntas el Salmo 139:13-14. Anime a las mujeres a memorizar el versículo clave de cada sesión. Discutan las preguntas de la 5 a la 7. Invite voluntarias para compartir cómo el Salmo 139 las ha ayudado a comprender su valor ante los ojos de Dios. ¿Cómo ha cambiado sus percepciones del amor y los pensamientos de Dios hacia ellas?

   Asegúreles que está bien si no sienten que Dios hiciera un gran trabajo a la hora de diseñarlas. Quizá un día llegarán a apreciar la mano de Él en ellas.

   Invite a algunas a compartir las palabras o frases que hayan subrayado u observado. Explique: **Enfocarse en palabras clave es un ejercicio para ayudarnos a formular una descripción de cómo Dios nos conoce y de cómo es Él. Su amor es muy íntimo; Él es nuestro protector, y destruirá a nuestros enemigos. Aún más importante es que Él nunca nos abandonará. Eso significa que en nuestras horas más oscuras o en nuestros momentos de mayor desesperación, Él está ahí. Es importante comprender este concepto porque es nuestra base para el crecimiento en Cristo.**

3. *Una esperanza inquebrantable* – La pregunta 9 es profundamente personal y su grupo puede que no esté preparado para compartir sobre heridas del pasado. Usted tampoco querrá que este sea un tiempo para airear los trapos sucios. En lugar de eso, pida que levanten su mano todas aquellas que hayan tenido una mala experiencia cuando estaban en primaria y que afectara a su propia imagen. Invite a una o dos voluntarias a compartir *brevemente*. Discutan las preguntas 10 y 11. Los Salmos enumerados lo están con la intención de traer paz y esperanza. Discutan qué nos enseñan estos versículos sobre Dios.

Explique: Hacemos una elección respecto a creer o no lo que la Palabra de Dios dice sobre nosotras. Si decimos que lo creemos, entonces necesitamos vivir nuestra vida de acuerdo a eso. ¿En qué área de su vida lo está teniendo difícil para creer a Dios? Después de que unas cuantas mujeres hayan compartido, vuelvan a leer el Salmo 139:13-14 e invite a miembros del grupo a compartir cómo pueden aplicar esos versículos cuando no se sientan valoradas.

Nota: Esta sección podría hacer resurgir recuerdos dolorosos para algunas de las mujeres. Si siente que ese es el caso, no intente ser quien resuelva los problemas. Puede orar con esas mujeres, pero anímelas a que hablen con un consejero cristiano o un pastor.

4. *Vida diaria* – Este es un tiempo para permitir a cada mujer compartir lo que haya significado para ella esta lección. Invite voluntarias para que compartan su paráfrasis del Salmo 139.

   Anime a que varias de ellas compartan un área en la cual no se sientan dignas, algo que reconozcan como un área en la que a Dios le gustaría que se enfocasen durante la próxima semana. Haga que añadan esa área a su hoja de peticiones de oración, y luego haga que cada mujer intercambie su petición de oración con otra mujer del grupo. Anímelas a que oren por su compañera de oración durante la semana y que incluso se llamen durante la semana.

5. *Terminar en oración* – Haga que todas reciten juntas los pasajes de alabanza (ver pregunta 13). Termine en oración, pidiendo al Señor que bendiga concretamente a cada mujer.

6. *Fomentar la memorización de la Escritura* – Un modo muy eficaz de sanar el corazón es memorizando la Palabra de Dios. Anime a las mujeres a intentar memorizar el versículo clave cada semana o a elegir un versículo de la lección que fuese especialmente útil para ellas. Provea oportunidad en cada reunión para que las mujeres reciten el versículo memorizado. La *Guía para el ministerio de mujeres de Enfoque a la Familia* contiene información adicional sobre fomentar la memorización de la Escritura.

Después de la reunión

1. *Evaluar* – Pase tiempo evaluando la eficacia de la reunión (consulte la *Guía para el ministerio de mujeres de Enfoque a la Familia*, sección "Cómo comenzar un programa de estudio bíblico).

2. *Fomentar* – Durante la semana, intente ponerse en contacto con cada mujer (mediante llamadas de teléfono, notas de ánimo, mensajes instantáneos o de correo electrónico) para invitarlas al estudio. Póngase a disposición de ellas para contestar cualquier pregunta o preocupación que las mujeres puedan tener y llegue a conocerlas en general. Si tiene un grupo grande, obtenga la ayuda de otras mujeres en el grupo para ponerse en contacto con las demás.

3. *Equipar* – Complete el estudio bíblico.

4. *Orar* – Prepárese en oración para la siguiente reunión, orando por cada mujer y por su propia preparación. Hable con el Señor sobre cualquier aprensión, emoción o cualquier otra cosa que esté en su mente con respecto al material del estudio bíblico o con respecto a los miembros del grupo. Si se siente inadecuada o poco preparada, pida fortaleza y perspectiva. Si se siente cansada o cargada, pida el yugo ligero de Dios. Cualquier cosa que necesite, pídasela a Dios, ¡Él proveerá!

Lecturas adicionales

Newman, Deborah. *A Woman´s Search for Worth*. Wheaton, IL: Tyndale House Publishers, 2002.

Tompkins, Iverna. *The Worth of a Woman*. Plainfield, NJ: Logos International, 1980.

SESIÓN DOS:
¿QUIÉN SOY?

Nota: Esta lección es solo una introducción a los temperamentos y no es de ningún modo exhaustiva. Hay muchos paradigmas de la personalidad, y el propósito de utilizar este modelo de cuatro personalidades es simplemente ayudarle a entender los puntos fuertes y débiles básicos de los diferentes tipos de personalidad.

Antes de la reunión

1. Realice los preparativos usuales como se enumeran en las páginas 83 y 84.
2. Prepare hojas de papel para la opción 1 de la actividad para romper el hielo.

Actividades para romper el hielo

1. **Opción 1**: Dé a cada mujer un pedazo de papel enumerando preguntas sobre color favorito, actividades, persona, y si se sienten revivir en un grupo de personas (extrovertidas) o prefieren tiempo a solas (introvertidas). Dígales que respondan con la primera cosa que les venga a la mente. Invite a cada mujer a compartir al menos un punto favorito, animando así a todas a compartir, incluso a las calladas que normalmente no hablarían.
2. **Opción 2**: Invite voluntarias para nombrar a alguien que tenga su personalidad favorita. Podría ser un actor, actriz, escritor, pintor, músico, político, periodista, etc. Pregunte por qué admirar esa personalidad.
3. Invite a una voluntaria a recitar de memoria el versículo de la sesión uno.

Discusión

1. *Mujer en la vida cotidiana* – Repase los cuatro tipos de personalidades discutidos en la sesión y pregunte a las mujeres si están de acuerdo o en desacuerdo con las descripciones. Discutan las respuestas a la pregunta 5 (Jenny: **sanguínea**; Sara: **flemática**; Cristina: **colérica**; Mónica: **melancólica**).
2. *Sabiduría eterna* – Discutan las respuestas a las preguntas 10 a 12.
3. *Una esperanza inquebrantable* – Comparta los siguientes puntos fuertes de cada tipo de personalidad:
   · **Sanguínea**: entusiasta, jovial, útil.
   · **Colérica**: líder natural, visionaria, rápida para responder en emergencias.
   · **Melancólica**: apasionada, creativa, compasiva, detallada, organizada.
   · **Flemática**: pacificadora, equilibrada, calmada en medio de la tormenta.

   Comparta las siguientes debilidades de cada tipo de personalidad:
   · **Sanguínea**: infantil, no es buena para escuchar, desorganizada.
   · **Colérica**: orgullosa, demasiado seria, presiona a otros a que se conformen.
   · **Melancólica**: necesita animarse, perfeccionista, a menudo negativa.
   · **Flemática**: pospone las cosas, demasiado secretista, no le gusta el cambio.

   Invite voluntarias para compartir las características clave de su personalidad. Celebre cómo las distintas personalidades de quienes componen el grupo añaden riqueza al grupo.
4. *Vida diaria* – Explique brevemente cómo podemos agradecer nuestras personalidades viéndonos a nosotras mismas como la obra de la mano de Dios. Luego invite a las mujeres a compartir lo que escribieron o dibujaron como obra suya.

5. *Terminar en oración* – Forme grupos de dos o tres mujeres para orar las unas por las otras. Haga que las mujeres intercambien hojas de peticiones de oración, y anímelas a continuar orando unas por otras durante la semana.

Después de la reunión

1. **Evaluar.**
2. **Fomentar** – Anime a las compañeras de oración a ponerse en contacto al menos una vez durante la próxima semana para alentarse y apoyarse. Como líder, intente ponerse en contacto con cada mujer durante la semana. Si el grupo es grande, obtenga la ayuda de algunas de las mujeres en el grupo para ponerse en contacto con un grupo más pequeño de mujeres.
3. **Equipar** – Complete usted misma el estudio bíblico.
4. **Orar** – Prepárese en oración para la siguiente reunión, orando por cada mujer y por su propia preparación.

Lecturas adicionales
Kroeger, Otto y Jennyt Thuesen. *Type Talk*, New York: Delacorte Press, 1988.
Littauer, Florence. *Personality Plus*. Tarrytown, NY: F. H. Revell, 1992.

SESIÓN TRES:
ES MI CUERPO

Antes de la reunión

1. Realice los preparativos usuales como se enumeran en las páginas 83 y 84.
2. Haga los preparativos necesarios para la actividad para romper el hielo que usted escoja.

Actividades para romper el hielo

1. **Opción 1**: Vean los últimos 10 o 15 minutos de la película *Shrek* (aproximadamente a 1 hora y 20 minutos en el vídeo). La escena comienza con la ceremonia de matrimonio de Lord Farquaad y la princesa Fiona, y continúa hasta que Shrek le dice a Fiona que ella *es* bella a pesar de ser un ogro.

Discutan brevemente cómo Fiona se veía a sí misma y las diferencias entre lo que vio Lor Farquaad en Fiona y lo que Shrek vio en ella.

2. **Opción 2**: Haga que cada mujer realice un dibujo de su cuerpo o de un animal que ella sienta que representa su cuerpo. Discutan por qué piensan de ese modo. Deje que el grupo haga comentarios de los dibujos de las demás.

3. Invite a una voluntaria a recitar de memoria el versículo de la sesión dos.

Discusión

1. *Mujer en la vida cotidiana* – Revise brevemente los cuatro aspectos de la salud: físico, emocional, mental y espiritual. Invite voluntarias para compartir sus respuestas a las preguntas 5, 7 y 9. Discutan lo que ocurriría si sacaran a Dios del cuadro. Basándose en su actual estilo de vida, pida a las mujeres que proyecten una imagen humorística de sí mismas dentro de 10, 20 o 30 años.

2. *Sabiduría eterna* – Invite a cuatro voluntarias a compartir una de sus respuestas a las cuatro partes de la pregunta 10. Brevemente discutan las respuestas a la pregunta 12: C, D, A, A, B, C, D, B. Puede que ellas tengan respuestas diferentes; permítales que hablen de sus razones.

3. *Una esperanza inquebrantable* – Invite voluntarias para hablar de cualquier parte de la pregunta 13 que pueda haber abierto sus ojos. Aconséjelas que si realmente quieren cambiar en un área en particular, es mejor comprometerse a una cosa cada vez. Discutan la pregunta 14; luego lean Proverbios 25:27-28. Discutan cómo este pasaje podría aplicarse a cambiar sus estilos de vida para convertirse en individuos más sanos.

4. *Vida diaria* – Discutan el papel que juega el Espíritu Santo en la vida de un creyente (de la pregunta 17). Explique: **El crecimiento implica dos elementos: la capacitación del Espíritu Santo y nuestra acción. Aunque Dios lo puede todo, Él requiere que nosotras hagamos nuestra parte**. Discutan: **¿Qué es más difícil: confiar en el Señor para que le capacite para hacer algo o dar un paso en fe para hacerlo?**

5. *Terminar en oración* – Como grupo, lean el Salmo 133; luego, en parejas, que cada mujer pronuncie una bendición sobre la otra para llevar nueva vida, esperanza y fe a cada área de sus vidas. Haga que esas parejas intercambien hojas de peticiones de oración.

Después de la reunión

1. **Evaluar.**
2. **Fomentar** – Anime a las compañeras de oración a orar durante la semana por la actitud de su compañera respecto a su imagen corporal, en especial si ella hizo un compromiso para la semana. Recuérdelas que orar por otra persona también les ayudará a ellas a tener éxito.
3. **Equipar.**
4. **Orar.**

Lecturas adicionales
Newman, Deborah. *Living Your Body*. Wheaton, IL: Tyndale House, 2002.
Lewis, Carole. *First Place*. Ventura, CA: Regal Books, 2001.

SESIÓN CUATRO:
ES MI CUERPO

Antes de la reunión

1. Realice los preparativos usuales como se enumeran en las páginas 83 y 84.
2. Si planea realizar la actividad de "Una esperanza inquebrantable", necesitará papel de seda o de pizarra, cinta adhesiva doble o transparente y rotuladores.

Actividades para romper el hielo

1. **Opción 1**: Vaya por la habitación y pida a cada mujer que complete la frase: "Cuando crezca, quiero ser...".
2. **Opción 2**: Pida a cada mujer que comparta cuál ha sido su etapa favorita de la vida y por qué, o invite a miembros del grupo a compartir sus respuestas a la pregunta 2.
3. Invite a una voluntaria a recitar de memoria el versículo de la sesión tres.

Discusión

1. *Mujer en la vida cotidiana* – Repase brevemente las distintas etapas de la vida. Invite a los miembros del grupo a compartir sus respuestas a la pregunta 1.

2. *Sabiduría eterna* – Discutan la pregunta con respecto a Eclesiastés 3:1-8. Si su grupo es de distintas edades, pida a las mujeres más jóvenes que compartan un área en la cual les gustaría que las mujeres más mayores comprendieran mejor a su grupo de edad. Pida a las mujeres más mayores que mencionen un área en la cual les gustaría que las mujeres más jóvenes las comprendieran mejor a ellas.

   Forme grupos de tres o cuatro mujeres para discutir la pregunta 7 y los beneficios y bendiciones de conocer a Dios a una edad temprana. La vida está llena de pruebas, eventos inesperados y desvíos no queridos. Haga que alguien en cada grupo lea Santiago 1:2-4 y luego que hablen sobre la perspectiva de Dios respecto a las pruebas en nuestras vidas.

3. *Una esperanza inquebrantable* – Explique: **Algunas veces olvidamos que Jesús tuvo un cuerpo físico y se enfrentó a asuntos similares a medida que crecía.** Con todo el grupo, hablen sobre la vida de Jesús: su nacimiento, sus tentaciones, sus luchas y sus éxitos.

   Hablen con todo el grupo de lo que vieron sobre sus vidas cuando miraron el mapa terminado del río que dibujaron. Pregunte: **¿Hay alguien cuyo río esté fluyendo hacia atrás? Si es así, lean Filipenses 3:13-14. Si no está fluyendo hacia atrás, entonces está fluyendo hacia delante, lo cual significa que todo lo que están experimentando en la vida contribuye al movimiento hacia delante de su vida. Puede que no lo parezca en el momento, pero donde hay movimiento hay progreso hacia un destino final.** Explique cómo la instrucción de Dios y su disciplina son medios para hacer que una sección del río que esté estancada vuelva a moverse.

   Actividad opcional: Como grupo, hagan un mapa de la vida de Jesús similar al los que dibujaron las mujeres de sus propias vidas. Discutan: **¿Fue el viaje del río de Jesús derecho o fue serpenteante y con afluentes?** Hablen del resultado de que Jesús completara su viaje y de las actitudes de Él durante el camino.

4. *Vida diaria* – Pregunte: **¿Está su vida fuera de control? ¿De qué maneras?** Después de unos cuantos minutos de discusión, aclare: **Nosotras o bien estamos dirigiendo nuestra vida o bien dejando que ella nos dirija. Cuando ella nos dirige, nos lleva por cualquier dirección. Cuando somos nosotras quien la dirigimos, tomamos las decisiones que determinarán la calidad de vida que llevaremos, aun cuando algo ocurra que no esté en nuestra esfera de control.** Discutan cómo la aceptación y el perdón pueden afectar a nuestras vidas.

5. *Terminar en oración* – Dé tiempo para que el grupo ore por cada mujer que lo pida. Terminen con un tiempo de adoración, dando gracias por el plan perfecto de Dios para cada una de nuestras vidas. Haga que las mujeres elijan una hoja de peticiones de oración ante de irse.

Después de la reunión

1. **Evaluar.**
2. **Fomentar.**
3. **Equipar.**
4. **Orar.**

Lecturas adicionales

Newman, Deborah. *A Woman´s Search for Worth*. Wheaton, IL: Tyndale House Publishers, 2002.

Partow, Donna. *A Woman´s Guide to Personality Types*. Minneapolis, MN: Bethany House, 2002.

SESIÓN CINCO:
FEMINEIDAD

Antes de la reunión

1. Realice los preparativos usuales como se enumeran en las páginas 83 y 84.
2. Haga los preparativos necesarios para la actividad para romper el hielo que usted escoja.

Actividades para romper el hielo

1. **Opción 1**: Sirva galletas y té en platos de porcelana y con tazas en lugar de usar tazas y platos de plástico. Pregunte: **¿Se sienten más femeninas usando porcelana y cosas elegantes? ¿Por qué o por qué no?**
2. **Opción 2**: Pida a las mujeres que compartan brevemente sus puntos de vista sobre el feminismo, tanto los pros como los contra del movimiento. Discutan: **¿Debería tener el feminismo un lugar en la Iglesia y por qué?**
3. Si va a realizar la actividad opcional de "Sabiduría eterna", prepare unas fotocopias (o escriba la siguiente lista en una pizarra y tenga papel disponible). Dé instrucciones a los miembros del grupo para que escriban un currículum de sí mismas con la siguiente información: nombre, responsabilidades en el hogar, responsabilidades familiares, miembros de la familia de los que cuidan, experiencia académica, breve descripción de trabajo y cualquier otra información pertinente. Utilizarán esta hoja más adelante.

4. Invite a una voluntaria a recitar de memoria el versículo de la sesión cuatro.

Discusión

1. *Mujer en la vida cotidiana* – Invite voluntarias para compartir sus respues-tas a las preguntas 1 y 2. Discutan: **¿Es la femineidad algo con lo que se sienten cómodas, a lo que temen, o de lo que tienen una connotación negativa? ¿Qué les gusta más sobre ser una mujer? ¿De qué maneras (positivas y negativas) utilizan las mujeres su femineidad para lograr lo que quieren?**

2. *Sabiduría eterna* – Discutan las preguntas 8 a 12.

    Actividad opcional: Discutan las preguntas 8 a 10 solamente. Luego dé instrucciones a las mujeres de comparar el currículum que escribieron de ellas mismas con la mujer en Proverbios 31, observando las similitudes y las diferencias. Dependiendo de la edad, etapa de la vida y responsabili-dades, la mayoría de las mujeres viven una vida similar a la de la mujer de Proverbios 31.

    Discutan: **¿Cómo pueden las características femeninas ayudar a cada mujer a ser una mejor madre, esposa, líder y compañera de tra-bajo?**

3. *Una esperanza inquebrantable* – Discutan maneras en las cuales podemos aprovechar plenamente el hecho de ser mujeres, como al mostrar el fruto del Espíritu Santo (ver Gálatas 5:22-23), vestirnos para un evento especial, o mimarnos a nosotras mismas (como hacernos la manicura, o disfrutar de un baño caliente). Sea sensible a otras mujeres que hayan batallado con el asunto de ser femeninas y hayan intentado ocultar su femineidad vistiéndose y comportándose de modo más masculino. Vean también for-mas en que las mujeres utilizan el hecho de serlo de forma negativa (como vestirse inadecuadamente, comportamiento con demasiado flirteo, poner mala cara, etc.). Hablen de Efesios 5:1-2. **Como mujeres, ¿cómo pode-mos ser imitadoras de Cristo?**

4. *Vida diaria* – Discutan características y aspecto exteriores contra cualida-des y belleza interiores. Invite voluntarias para compartir lo que hayan aprendido de sí mismas en esta lección.

5. *Terminar en oración* – Pida a las mujeres que compartan sus peticiones de oración con todo el grupo. Dirija al grupo en una oración de agradeci-miento, glorificando a Dios por haber diseñado a las mujeres del modo en que lo hizo.

Después de la reunión

1. **Evaluar.**
2. **Fomentar.**
3. **Equipar.**
4. **Orar.**

Lecturas adicionales
Van Leeuwen, Mary Stewart. *Gender and Grace*. Downers Grove, IL: Intervarsity Press, 1990.

SESIÓN SEIS:
SEXUALIDAD

Antes de la reunión

1. Realice los preparativos usuales como se enumeran en las páginas 83 y 84.
2. Haga los preparativos necesarios para la actividad para romper el hielo que usted escoja.

Actividades para romper el hielo

1. **Opción 1**: Divida al grupo en dos equipos. Dé a cada equipo papel de pizarra y un rotulador, y déles dos minutos para escribir tantos adjetivos como puedan que connoten sexo. Compartan las listas.
2. **Opción 2**: De antemano, reúna anuncios de revistas que muestren las muchas formas en que se usa el sexo para vender productos. Muéstrelos en una pizarra o en papel para pizarra, o simplemente haga que las mujeres describan los anuncios que hayan visto que utilizan el sexo para vender.
3. Invite a una voluntaria a recitar de memoria el versículo de la sesión cinco.

Discusión

1. *Mujer en la vida cotidiana* – Discutan las preguntas 1 a 4. Explique: Nuestro concepto de sexualidad se manifiesta en el modo en que hablamos, nos vestimos, nos movemos, nos comportamos y nos expresamos.

Nota: Si su grupo está formado por mujeres todas casadas o todas solteras, enfóquese en los asuntos relacionados con ellas; de otro modo, no deje que un grupo domine la discusión.

2. *Sabiduría eterna* – Discutan las preguntas 5 a 12 de manera adecuada para su grupo. Haga que voluntarias compartan maneras en las cuales ellas están agradecidas de haber sido creadas mujeres.

3. *Una esperanza inquebrantable* – Discutan cómo la humanidad ha distorsionado el diseño de Dios para la sexualidad humana, al igual que los significados de amor, aceptación y perdón. Después de discutir la pregunta, diga: **¿Cómo podemos amar y aceptar a una persona enredada en el pecado sexual sin tolerar su estilo de vida?**

4. *Vida diaria* – Explique: **La apariencia física es un aspecto de nuestra sexualidad**. Compartan ideas sobre cómo podemos cuidarnos para mejorar nuestro aspecto y tener una mejor autoimagen (como cambiarnos de peinado, arreglarnos las uñas, llevar ropa que haga juego, llevar colores que combinen con nuestro tono de piel, etc.). Explique: **Lo fundamental es ser una buena administradora del cuerpo que Dios le ha dado. Muchas mujeres en círculos cristianos encuentran difícil hablar de la sexualidad**. Aliente a unas cuantas voluntarias a compartir cómo Dios les ha ayudado a verse a sí mismas mujeres sanas sexualmente.

5. *Terminar en oración* – Concluya con un tiempo de adoración y termine con una oración por quienes la quieran. Si tiene un grupo grande, forme grupos de dos o tres mujeres para orar unas por otras. Haga que las mujeres recojan una hoja de peticiones de oración antes de irse.

Después de la reunión

1. **Evaluar.**
2. **Fomentar.**
3. **Equipar.**
4. **Orar.**

Lecturas adicionales

Balswick, Judith, y Jack Balswick. *Authentic Human Sexuality*. Downers Grove, IL: InterVarsity Press, 1999.

Barton, Ruth Haley. *Equal to the Task*. Downers Grove, IL: InterVarsity Press, 1998.

SESIÓN SIETE:
AMISTAD

Antes de la reunión

1. Realice los preparativos usuales como se enumeran en las páginas 83 y 84.
2. Haga los preparativos necesarios para la actividad para romper el hielo que usted escoja.

Actividades para romper el hielo

1. **Opción 1**: El propósito de este ejercicio es llevar a las mujeres un paso más adelante unas de otras. Prepare unas fotocopias con las siguientes preguntas. Permita que cada mujer comparta brevemente sus respuestas. Si tiene un grupo especialmente grande, forme grupos más pequeños para compartir las respuestas.

    · ¿Cuál es su color favorito?
    · ¿Tiene mascota? ¿Cuál es? ¿Cómo decidió su nombre?
    · ¿Qué es lo que más le molesta?
    · ¿Cuál es su hora favorita del día? ¿Por qué?
    · Describa su libro favorito.
    · ¿Qué le ha gustado más de este estudio bíblico?

2. **Opción 2**: Describa el siguiente escenario: **Se ha planificado un evento de gala para honrar a quienes han marcado una diferencia en las vidas de las personas. Usted ha sido invitada y se le pide que lleve a un invitado especial para honrarlo**. Discutan: **¿A quién escogería y por qué?**

3. Invite a una voluntaria a recitar de memoria el versículo de la sesión seis.

Discusión

1. *Mujer en la vida cotidiana* – Discutan las preguntas 1 a 5. Aunque no fue un tema de esta sesión, discutan cómo las mujeres de todas las edades pueden ser crueles en las relaciones. Pregunte si a alguna le gustaría compartir un recuerdo de la niñez de un ejemplo de crueldad. ¿Por qué se produce eso?

2. *Sabiduría eterna* – Discutan las preguntas 7 a 9. Explique: **El deseo de Dios para cualquier amistad profunda es el total abandono y rendición: la actitud de poner nuestras vidas por otra persona.** Discutan las preguntas 10 y 11; luego pregunte: **¿Qué tipo de mujer debió de haber sido Noemí antes de la muerte de su esposo para que sus nueras la quisieran tanto?** Discutan las preguntas 12 y 13 y la lealtad de Rut. **¿Qué aprendió Rut sobre Dios de Noemí?** Comparen la relación entre Noemí y Rut con la mayoría de las relaciones de hoy en día entre una suegra y su nuera.

3. *Una esperanza inquebrantable* – Comparen las respuestas a la pregunta 14: **g, d, j, a, i, b, h, c, e, k, f.** Lean Juan 15:12-13 y luego discutan formas prácticas en que podemos mostrar a una amiga que nos importa: llamar por teléfono, enviar una nota, comer juntas, caminar juntas, mostrar empatía, orar juntas, etc.

   Dialoguen sobre las amistades no saludables: **¿Hay momentos en que dependen de alguna otra persona para sus necesidades emocionales en lugar de volverse al Señor? ¿Batallan con poner las amistades femeninas por encima de su relación con su esposo?** Discutan cómo podrían convertir las amistades no saludables en saludables.

4. *Vida diaria* – Hablen sobre las relaciones de tutoría. Invite voluntarias a compartir sus experiencias de tutoría. Discutan formas en que creen que el Señor las ha empujado a acercarse a otra persona o a pedir ayuda a alguien. **¿Lo hicieron? ¿Cuál fue el resultado?**

5. *Terminar en oración* – Es probable que haya al menos una mujer en el grupo que esté batallando con las amistades debido a heridas del pasado o a circunstancias del presente. Ore para que Dios guíe a todas las mujeres a amistades saludables y vibrantes. Ore para que cada una mantenga sus ojos en Jesús en sus relaciones. Haga que las mujeres recojan la hoja de peticiones de oración de alguien por quien aún no hayan orado.

Después de la reunión

1. **Evaluar.**
2. **Fomentar.**
3. **Equipar.**
4. **Orar.**

Lecturas adicionales

Brestin, Dee. *The Friendships of Women*. Wheaton, IL: Victor Books, 1988.

Stanley, Paul, y J. Robert Clinton. *Connecting*. Colorado Springs, CO: NavPress, 1992.

SESIÓN OCHO:
CÓMO CONVERTIRSE EN LA MUJER QUE DIOS CREÓ

Antes de la reunión

1. Realice los preparativos usuales como se enumeran en las páginas 83 y 84.
2. Haga los preparativos necesarios para la actividad para romper el hielo que usted escoja.
3. Haga fotocopias de la hoja de repaso del estudio (ver la *Guía para el ministerio de mujeres de Enfoque a la Familia,* en la sección "Programa para comenzar un estudio bíblico").

Actividades para romper el hielo

1. **Opción 1**: Este debería ser un día de victoria, y un día para compartir la bondad de Dios. Pida a las mujeres con antelación que se presten voluntarias para llevar algo especial. Utilice platos bonitos para hacer que este día sea especial, o incluso planifique un desayuno, almuerzo o cena para concluir este estudio.
2. **Opción 2**: Pregunte si alguna persiguió entablar una nueva amistad o trabajó en la reconstrucción de alguna antigua como resultado de la sesión de la semana anterior. Luego haga que los miembros del grupo compartan qué lección fue la más difícil para ellas y por qué.
3. Invite a una voluntaria a recitar de memoria el versículo de la sesión siete.

Discusión

1. *Mujer en la vida cotidiana* – Discutan las preguntas 1 y 2. Pregunte: **¿Cuál es una cosa que les gustaría perseguir en el conocimiento de Dios de un modo más íntimo?**
2. *Sabiduría eterna* – Discutan la verdad: **Por debajo de las capas de las expectativas impuestas por los demás y por nuestro yo, el fundamento de la autoestima yace en nuestra relación con Dios.** Discutan las preguntas en esta sección que sean de particular importancia para los miembros de su grupo. La pregunta 3 proporciona una oportunidad para invitar a las mujeres a entregar sus vidas a Cristo.

3. *Una esperanza inquebrantable* – Pregunte: **¿Cómo se relaciona el descubrir una sana autoestima con ayudar a otros?** Si hay tiempo, hablen sobre los diferentes dones que Dios nos da, usando Romanos 12:4-8 como pauta. Lean Hebreos 4:14-16 y hablen de la importancia de acercarse al trono de la gracia con confianza. Puede que su iglesia tenga un inventario de dones espirituales que pudiera usted ofrecer a las mujeres a quienes les gustaría saber cuáles podrían ser sus dones.

4. *Vida diaria* – Esta sección es la culminación de lo que hemos aprendido durante las últimas ocho semanas y bosqueja el camino que las mujeres tomen desde aquí. Haga que voluntarias lean los versículos de la pregunta 14 en voz alta. Discutan: **¿Cuál es la esencia de estos versículos? ¿Cómo es eso significativo para los creyentes?**

   Aliente a que varias voluntarias compartan una parte de la carta que escribieron a Dios. Invítelas a compartir una lección significativa que hayan aprendido de este estudio. Discutan: **¿Cómo ha cambiado usted? ¿Cómo ha cambiado su percepción de sí mismas?** Aun si este estudio simplemente confirmó un ya fuerte sentido de valor, haga que también compartan eso.

5. *Terminar en oración* – Haga que las mujeres se pongan en pie y se agarren de las manos. Lean Efesios 3:14-21 como una oración para cada mujer. Mientras están agarradas de las manos, haga que cada mujer pronuncie una bendición en voz alta por la persona que esté a su izquierda. Si su grupo es grande, divídalo en dos grupos. Terminen con un tiempo de adoración.

Después de la reunión

1. **Evaluar** – Distribuya las hojas de repaso del estudio para que las mujeres se las lleven a sus casas. Comparta sobre la importancia de recibir sus impresiones y pídales que tomen tiempo durante la semana para escribir su repaso de las reuniones del grupo y luego devolverle a usted las hojas.

2. **Fomentar** – Póngase en contacto con cada mujer durante la semana para invitarla al siguiente estudio bíblico de la Serie para mujeres de Enfoque a la Familia.

Lecturas adicionales
Wagner, C. Peter. *Discover Your Spiritual Gifts*. Ventura, CA: Regal Books, 2002.
Su Biblia.

ENFOQUE A LA FAMILIA

¡Bienvenida a la familia!

Al participar en la *Serie para mujeres de Enfoque a la Familia*, es nuestra esperanzadora oración que Dios profundice su comprensión del plan que Él tiene para usted y que Él fortalezca las relaciones de las mujeres en su congregación y su comunidad.

Esta serie es solamente uno de los muchos recursos útiles, penetrantes y alentadores producidos por Enfoque a la Familia. De hecho, de eso se trata Enfoque a la Familia: de proporcionar a las personas inspiración, información y consejo bíblicamente basado en todas las etapas de la vida.

Comenzó en el año 1977 con la visión de un hombre: el Dr. James Dobson, psicólogo licenciado y autor de 18 libros de éxito de ventas sobre el matrimonio, la paternidad y la familia. Alarmado por las presiones sociales, políticas y económicas que amenazaban la existencia de la familia estadounidense, el Dr. Dobson fundó Enfoque a la Familia con sólo un empleado y un programa de radio semanal que se emitía solamente en 36 estaciones.

Como organización internacional en la actualidad, el ministerio está dedicado a preservar los valores judeocristianos y fortalecer y alentar a las familias mediante el mensaje, que cambia vidas, de Jesucristo. Los ministerios Enfoque alcanzan a familias en todo el mundo a través de 10 emisiones de radio independientes, dos programas de televisión de reportajes sobre noticias, 13 publicaciones, 18 páginas web, y una sólida serie de libros y películas ganadoras de premios y vídeos para personas de todas las edades e intereses.

¡Nos encantaría tener noticias suyas!

Para recibir más información sobre el ministerio, o si podemos ser de ayuda para su familia, simplemente escriba a Enfoque a la Familia, Colorado Springs, CO 80995 o llame al 1-800-A-FAMILY (1-800-232-6459). Los amigos en Canadá pueden escribir a Enfoque a la Familia, P.O. Box 9800, Stn. Terminal, Vancouver. B.C. V6B-4G3 o llamar al 1-800-661-9800. Visite nuestra página web — www.family.org— para aprender más acerca de Enfoque a la Familia o para ver si hay una oficina asociada en su país.

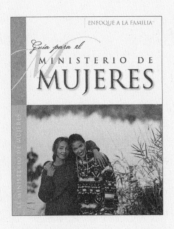